Welten-Dramatik

Erkenntnis-Hilfen in apokalyptischer Zeit

Herausgeber: Perceval-Institut für Kosmologie und christliche Hermetik

Copyright: Franz Weber 2016
Herstellung und Verlag: BoD
          Books on Demand, Norderstedt

ISBN 978-3-7412-8181-5

Dem Rosenkreuzer gewidmet

Welten-Dramatik
Erkenntnishilfen in apokalyptischer Zeit

Inhaltsverzeichnis:

Vorwort

Riesenhafte Probleme türmen sich für die heutige Menschheit auf. Der drohende Klimakollaps, Naturkatastrophen, die Überbevölkerung, das Artensterben, die Verschmutzung der Erde, eine auf Profitgier ausgerichtete kapitalistische Wirtschaft und Finanz-Industrie, die soziale Verwerflichkeiten und Ungerechtigkeiten erzeugen und durch Ausbeutung und Raubbau bis hin zum Landraub die armen Länder und Menschen mehr und mehr versklaven oder vertreiben. Des weiteren die durch Armut und Kriege geschaffenen Wanderbewegungen großer Menschenmassen, also die Flüchtlingsfrage beziehungsweise in deren Gefolge das Gefühl der Überfremdung im eigenen Land und das sich daraufhin bildende Erstarken rechtskonservativer und radikaler Gruppierungen. Sodann werden in vielen „Verschwörungstheorien" die vermeintlich Schuldigen gefunden, und zwar in Logen und Konzernzentralen, im Zionismus und im Bankenwesen, wie auch in imperialistischen Tendenzen weltweit beziehungsweise auch in einer zentralistisch und wenig demokratischen, dafür bürokratisch, von Lobbyisten stark beeinflussten und geführten europäischen Union, worunter die regionalen Belange und bürgerlichen Rechte leiden.

Aus solchen Problemen, Auswüchsen und Verschwörungstheorien resultiert oftmals eine Verneinung und der Wunsch nach Abschaffung unseres heutigen demokratischen und bürokratischen Gemeinwesens. So werden viele Untergangs-Szenarien heraufbeschworen, wodurch meistens leider gewisse Spaltungstendenzen gefördert werden, die den gesellschaftlichen Zusammenhalt gefährden.

Sicherlich gibt es viele ungute Zeiterscheinungen und Tendenzen, auch in westlichen Demokratien, die es aufzuklären gilt, auch was Geheimbünde und geopolitische Machtinteressen und dergleichen mehr betrifft. Doch man sollte die „Macht-Eliten" nicht noch stärken, in dem man sie als die eigentlichen „Weltregenten" entlarvt.

Wer regiert die Welt? Gibt es eine geheime Weltregierung, die alle Ereignisse lenkt oder sind es nicht viel mehr vielfältige Einflüsse, die unsere geschichtliche Entwicklung mitbestimmen? Vielleicht ja auch unser persönliches Denken und Fühlen, womit wir durchaus eine Stimme haben, die das Ganze mitbestimmt.

Hinter vielen politischen und wirtschaftlichen Zielen stecken oftmals

Inspirationen geistiger Mächte, die es zu durchschauen gilt. Aber auch wir selbst sind verantwortlich dafür, welchen Geist, welche Ideologie und welcher Denkschule wir uns anvertrauen!

Wohin steuern wir weltweit? Vieles liegt im Argen. Die Welt mutet wie ein Pulverfass, das zu explodieren droht. Jedoch, auch die Sehnsucht nach Frieden, Freiheit und Gerechtigkeit ist bei vielen Menschen angekommen. Dies macht Hoffnung.

Letztlich können wir uns mitten in einem großen Geisteskampf erleben, in dem das Ende noch ungewiss ist. Aber ohne harte Lektionen und Berichtigungen wird es nicht mehr gehen, da zu viele negative, nicht mehr zeitgemäße Einstellungen und Handlungsmuster uns immer stärker an einen Abgrund heranführen. Einige wichtige Weichenstellungen sind daher unvermeidlich, wenn wir nicht die Wirkungen unserer selbst-verschuldeten Ursachen spüren wollen.

An den Ursachen müssen wir also arbeiten, wenn wir eine Abhilfe und Abminderung bei den gegenwärtigen Problemen und zukünftigen Schwierigkeiten erreichen wollen. Meist ist unser politisches und gesellschaftliches Handeln von einem Hinterherlaufen und Flickschustern der sich offenbarenden und auftürmenden Probleme geprägt. An die eigentlichen Ursachen wagt man sich noch nicht genügend heran, denn diese zwingen zu einem radikalen Wandel unserer Einstellungen und Verhaltensweisen.

Die Zeit mahnt zur Veränderung und Erkenntnis der Hintergründe und Ursachen unserer vielfältigen Probleme, so dass wir endlich Verantwortung übernehmen für unser Tun und Lassen und nicht nur die anstehenden Aufgaben vor uns wegschieben, vielleicht noch auf andere Schultern laden, damit wir weiterleben können, wie bisher.

Die nächsten Jahre werden uns immer stärker konfrontieren mit den unerledigten und aufgeschobenen Aufgaben, an denen wir jedoch auch wachsen und reifen können, wenn wir diese ehrlich annehmen, betrachten und lösen lernen.

Dazu sollen in den folgenden Kapiteln Vertiefungen und Hilfen aufgezeigt werden, die eine positive und humanistische Zukunftsaussicht aufzeigen können.

Franz Weber, Freiburg im Frühjahr 2016

Die Idee Europas – Gelingen oder Scheitern?

Von Rudolf Steiner gibt es die Äußerung, als er von einem Schüler gefragt wurde, ob dieser bei seiner nächsten Inkarnation mit ihm dabei sein könnte: Ja, wenn sie mit mir durch einen Scherbenhaufen Europa gehen wollen. Das sind natürlich recht düstere Aussichten, doch wenn man die derzeitige Weltlage nüchtern betrachtet, mit allen Angriffen und Krisen, die Europa zu bewältigen hat, kann durchaus die Möglichkeit gesehen werden, dass ein Scheitern der europäischen Idee bestehen kann.

Mannigfaltige Angriffe, wie zum Beispiel in der Finanzkrise, im Abhörskandal der USA, im Ukraine-Konflikt, in der Griechenland- und Flüchtlingskrise, offenbaren immer wieder Schwächen und zeigen die Uneinigkeit nationaler Tendenzen und Egoismen innerhalb Europas auf. Von gemeinsamen Werten scheint man tatsächlich noch weit entfernt zu sein. Doch diese Angriffe von Außen und auch von Innen, zum Beispiel durch die Europa-Skeptiker und Gegner, können als Prüfungen gesehen werden, die immer wieder herausfordern, sich auf die Werte der Menschlichkeit und des Friedens zu besinnen und diese zu stärken und voranzutreiben. Eine europäische Union, wo sich einzelne Länder nur bereichern, also nur nehmen wollen, wird nicht gelingen, wenn nicht eine kulturell-geistige Wertegemeinschaft entstehen kann, die solch eine geistige Kraft und Aura entwickelt, die schützend für sich selbst wirkt und inspirierend auf die Welt ausstrahlen kann.

Wenn man vor diesem Hintergrund heute Europa betrachtet, wird man vor allem feststellen, dass ein Problem mit den Grenzen besteht. Eine ursprüngliche Gründeridee war ja, Grenzen innerhalb Europas abzubauen. Heute entstehen neue Grenzen zwischen der Ukraine und Russland und an den Außengrenzen zum Nahen Osten und nach Afrika hin, um sich vor massenhaften Flüchtlingsströmen schützen zu können.

Der russische Präsident Putin erwägte am Beginn seiner Amtszeit noch einen Wirtschaftsraum von Lissabon bis nach Wladiwostok. Die Antwort der US-Amerikaner war, dass sie Abwehr-Raketen an den Grenzen zu Russland stationieren wollten. Von da an verhärtete sich das Klima mehr und mehr.

Geisteswissenschaftlich betrachtet soll Europa zukünftig die slawische Kultur befruchten. Da gibt es dann bestimmte Mächte, die dies verhindern wollen. Diese sogenannten widersacherischen, finsteren ahrimanischen Kräfte und Wesen wirken heute vor allem in und aus Amerika in die Welt hinein, unter anderem durch manche Computer- und Internet-Konzerne, wie auch in der Waffen-, Chemie-, Energie- und Öl-Industrie.

Die Grenzen einiger Staaten Europas nach Außen wollen rechte und konservative Kräfte am Liebsten schließen. Der Nationalstaat wird in manchen politischen Kreisen immer noch als das Eigentliche gesehen beziehungsweise ist die völkische Aufgabe dabei das höchste kulturelle Gut, das es zu erstreben gilt. Natürlich soll ein Volk seine kulturelle Identität bewahren können, doch eine Begegnung und ein Austausch mit anderen Kulturen bringt neue Impulse und schützt vor Verhärtungen.

Linke Kräfte wollen dagegen meist eine totale Öffnung, Grenzen sollten ganz beseitigt werden, Menschen sollten immer dahin gehen können, wohin sie wollen. Ein Ideal ist dies natürlich, aber ob sich dies im Realen verwirklichen lässt, ist eine andere Frage. Zwischen den Extremen: zumachen oder alles öffnen, gibt es natürlich eine Mitte, wo meist die Wahrheit beziehungsweise ein gesundendes Element zu finden ist. Extreme gehen immer in etwas Krankmachendes hinein, egal auf welcher Seite.

Ein Synonym für eine Grenze ist ja auch die Haut, wie auch die biologische Zelle, die durchlässig sein muss und doch auch schützen soll. Auch im Persönlichen sind Grenzen nicht nur da, um sie überschreiten und durchqueren zu können. Da würde man Andere zu leicht überrumpeln, die Privatsphäre missachten oder vereinnahmen. Jeder Mensch hat ein Anrecht, dass seine individuellen Grenzen beziehungsweise der freie Wille beachtet wird.

An den Grenzbereichen geht es viel eher um ein Begegnen, Berühren und sich Berühren lassen, als um ein Abschotten oder schnelles Überqueren. Sich vom Fremden, von Menschen und Kulturen berühren lassen, diese wahrnehmen und mit dem Eigenen in Verbindung bringen, darauf kommt es letztlich an, wenn das Fremde zum Segen für alle gereichen soll.

Im Bereich des Wirtschaftlichen ist heute am meisten Offenheit. Waren und Geldströme durchfluten die ganze Welt. Mit Freihandelsabkommen sollen Grenzen aufgelöst werden, die Handelshemmnisse darstellen. Doch meist wird dabei der Stärkere, der

Mächtigere beziehungsweise der Reichere seine Interessen dem Schwächeren aufzwingen. Grenzen sollen daher auch vor ungesunden Tendenzen aus dem Wirtschaftsleben schützen können, zum Beispiel, in dem man regionale Produkte und Dienstleistungen schützt und fördert.

Im Bereich des Politischen dürfen die Grenzen schon eher fallen, wenn gemeinsame Werte Völker verbinden, was ja eine Idee Europas ist, um Kleinstaaterei und Nationalismus überwinden zu können. Nationalismen trennen, bis hin zu Kriegen, wo sich Völker gegenseitig abschlachten.

Schließlich ist auch im Kulturleben eine grenzüberschreitende Begegnung der Völker eine Bereicherung, alleine schon, wenn man die kulinarischen Angebote, die Musik, die Folklore und die Urlaubsreisen genießen will. Natürlich können fremde Sitten und Bräuche aber auch abschreckend für eigene Gewohnheiten sein, wo dann manchmal das Gefühl der Überfremdung eintreten kann. So will ich hier das Kulturleben noch etwas genauer betrachten, da ja die Kultur beziehungsweise das Geistesleben der eigentliche Quell für die Identität der Menschen innerhalb eines Volkes beziehungsweise einer Gesellschaft ist. Daraus können wir auch die Kräfte empfangen, die den heutigen Krisen und Untergangs-Tendenzen etwas entgegensetzen können.

Zunächst das Gebiet der Wissenschaft – sie wird immer globaler. Geistige und technische Erkenntnisse sollen der ganzen Menschheit zugute kommen. Andererseits kann ein technisches „Know how" durch Spionage oder Nachahmung den Erfinder schädigen. Der Urheberschutz und Patente sind daher zu berücksichtigen.

Die moderne Kunst kennt am wenigsten Grenzen, nur noch sogenannte nationale Kunstschätze bewirken manchmal noch Streitigkeiten. Da die moderne Kunst heute recht beliebig ist, hat sie meist keine nationalen oder völkischen Gebundenheiten. Das ist die Freiheit der Kunst. Nur gibt es noch zahlreiche Länder, in denen Künstler reglementiert werden. Da hat sie dann eine politische Aufgabe, aber auch eine Kraft, die verwandelnd wirken kann.

Innerhalb des Geisteslebens machen Religionen noch am meisten Schwierigkeiten, Grenzen auszuloten und zu überwinden, nicht durch Streit, sondern durch Berührung.

In äußeren Regeln, Dogmen, Institutionen, also auf der exoterischen Seite des Religiösen, bestehen natürlich auch viele Unterschiede.

Eine Verbundenheit aller Religionen ist im Kern, im Zentrum, im Göttlichen selbst gegeben, denn da sind sie Gott nahe, also in der esoterischen Seite. Äußerlichkeiten können daher auch nur als Hilfsmittel, als „Krücken" gesehen werden, die den Sinn haben, zu diesem Inneren den Weg zeigen zu können. Hat man die „innere" Religion, die Gottverbundenheit in sich gefunden, braucht es meist keine äußeren Hilfen mehr. Jedoch hat man oftmals den Eindruck, dass religiöse Institutionen gerade davor Angst haben, denn dann werden sie selbst überflüssig.

Im Kern der Religionen, im Kern des Religiösen sind alle Religionen eins. Je weiter entfernt von diesem Kern, also vom Willen Gottes, von der Liebe und der Weisheit Gottes, um so mehr können äußere Strukturen, Formen, Traditionen, Dogmen und Institutionen zum Tragen kommen. Und dieses Äußere trennt, bis dahin, dass es zu Streit, Überheblichkeit, Anmaßung und Hass gereichen kann. Deshalb sollen sich die äußeren Formen wandeln können. Gott, der Lebendige, der Immer-Seiende soll sich immer wieder offenbaren und seinen Willen bekunden können – im Hier und Heute, in jeder menschlichen Seele, nicht nur in und durch geschichtliche Überlieferungen. Gott suchen im eigenen Herzen, in der Liebe und Weisheit, das ist der Weg in allen Religionen und spirituellen Gemeinschaften. Jedoch daran mangelt es heute meistens vielerorts.

Durch den zunehmenden Materialismus und Atheismus in Europa entsteht auch ein spirituelles „Vakuum", in das nun vermehrt andere Geistigkeiten einströmen können. Christliche Werte sind angegriffen beziehungsweise das Christentum als Ganzes ist schwach geworden. Noch im Mittelalter konnte Europa zahlreiche Attacken seitens der Hunnen, Osmanen und Sarazenen abwehren, weil durch Gebet, Reinheit und Opfer und dem Wirken mancher Heiliger und spirituell Fortgeschrittener eine geistige Aura geschaffen werden konnte, die schützend wirkt. Wie sieht es damit heute aus?

Der manichäische Impuls, die caritative, helfende und heilende Liebe ist da. Das erstaunt doch immer wieder. Eine Spendenbereitschaft und eine tätige Mithilfe in Krisen- und Katastrophenzeiten hat Europa schon vor Schlimmerem bewahrt. Wo es meines Erachtens aber noch mangelt, sind die Erkenntnis- und Weisheitskräfte. Liebe ohne Weisheit wirkt manchmal etwas naiv und blauäugig. Daher ist ein Erkennen der spirituellen Hintergründe der Weltlage und der Weltpolitik unabdingbar.

Da sind vor allem die Einflüsse aus bestimmten Logen und sogenannten „Think Tanks" zu berücksichtigen, hinter denen okkulte Kräfte stehen, die eine Weltherrschaft herbeiführen wollen. So kann zum Beispiel im Okkulten gesehen werden, dass bestimmte Machtinteressen der USA eine Forcierung radikaler moslemischer Fundamentalisten bewirkt. Hier wirken sogenannte ahrimanische und asurische Gewalten zusammen. Die Flüchtlingswelle ist daraus nur ein Resultat. Bestimmte Kräfte wollen Europa damit überschwemmen. Gewiss hat Europa seinen „Anteil" daran, sonst könnte dies nicht passieren, zum Beispiel durch Waffenlieferungen oder dem Export von billigen, von Brüssel subventionierten Lebensmitteln nach Afrika, die dort die einheimische Wirtschaft zerstören oder dem kommerziellen Landraub und dem industriellen Fischfang, was einheimische Fischer leer ausgehen lässt und und und ... Unser heutiger Kapitalismus macht manche reich, andere dafür arm, so dass diesen nur Hunger oder Flucht übrig bleibt.

Zu viele Flüchtlinge sind natürlich eine Gefahr für den sozialen Frieden; sie können aber auch eine Chance sein, zu mehr Brüderlichkeit und Mitmenschlichkeit, wenn eine Begegnung, eine „Berührung" geschehen kann.

Der Islam ist eine Bruderreligion zum Christentum, wie auch zum Judentum. Wandelt sich der Islam hin zu einer moderaten Form, in der individuelle Freiheit und die Menschenwürde geschätzt werden oder verbleibt er im Gruppenhaften, wo die Ehre der Religion, der Familie und Herkunft über allem steht, das ist die entscheidende Frage, die über ein Vorwärts oder Rückwärts eines Europa mitentscheidet.

Gewiss gibt es auch fundamentalistische Kräfte, die Europa islamisieren wollen. Jedoch besteht auch die Chance, dass sich der Islam den Werten Europas öffnet. Dafür braucht es eben ein starkes Bewusstsein und Eintreten für die christlich-europäischen Werte. Das Fremde kann eben auch das Eigene bestärken, denn es fordert auch dazu auf, sich auf die eigenen Wurzeln und Werte zu besinnen.

Das Christliche ist eben nicht mehr an das Gruppenhafte, Völkische, Territoriale oder Nationale gebunden. Es wirkt zwischen den einzelnen Menschen, ist international, menschheitlich wirkend, dem Einzelnen daher übergeordnet, aber nur über das freie, sich selbst bestimmen wollende Individuum zu finden, das sich dem Ganzen, dem Menschlichen und Menschheitlichen zuwenden kann. Durch

den Christusgeist schreitet allmählich eine stärkere Individualisierung voran, überall in der Welt, wie dies zum Beispiel auch im
„arabischen Frühling" zu sehen war, wodurch sich immer mehr
Menschen gegen vereinnahmende Mächte im Politischen und Gesellschaftlichen wehren. Doch die beharrenden und Massen manipulie-
renden Mächte sind heute noch sehr stark.

So sind die Angriffe und Herausforderungen in und durch manche
Staaten und durch „religiöse" Bewegungen wie dem IS, aber auch
aus extrem rechten und linken Gruppierungen nicht nur als etwas
Schlechtes anzusehen und zu bewerten. Sie können auch, wie
überhaupt alles Böse und Krisenhafte in der Welt, „Erzieher" sein,
ohne die wir zu leicht in Bequemlichkeiten und Banalitäten
versinken würden.

Die Zeitlage mahnt zu erhöhter Wachsamkeit und Reife, sie kann
zum „Sprungbrett" in eine höhere Dimension, hin zu mehr Freiheit
und Menschlichkeit gereichen oder aber tatsächlich zu einem
„Scherbenhaufen" Europa werden. Das liegt an jedem Einzelnen.
Suchen wir Abgrenzung, Flucht, Täuschung oder Begegnung,
Berührung und Austausch mit dem Anderen, darauf kommt es
letztlich an. Da kann jeder Einzelne mitwirken, in der Liebe zum
Nächsten und in der Erkenntnis, wie und was getan werden muss,
damit wir die Prüfungen bestehen, die uns die Zeitlage zugeteilt hat
und noch zuteilen wird.

Darüber soll in einem nächsten Artikel weiteres angesprochen
werden.

Kampf um Europa – was uns helfen kann

Ein Krisengipfel der Staatenlenker in Europa jagt dem vorigen hinterher, so mannigfaltig sind die Probleme geworden. Und wahrscheinlich werden sie nicht geringer werden, wenn Kriege, soziale Ungleichheiten, ökologische Bedrohungen und vieles mehr den inneren und äußeren Frieden, ja vielleicht unsere Lebensgrundlagen bedrohen. Als Einzelner fühlt man sich meist nur noch ohnmächtig, denn was können wir den vielen Untergangs- und Todeskräften noch entgegensetzen?

Alte Kräfte aus der Wirtschaft und der Politik, also die alten Machtstrukturen, sind noch sehr stark und hemmend, so dass neue Ideen und Ideale es sehr schwer haben, von der Mehrheit der Bevölkerung angenommen und umgesetzt zu werden. Die Medienpropaganda tut ihr übriges dazu, so dass die „Masse" in „Brot und Spielen" beziehungsweise im Konsum und Vergnügen „untergeht".

Europa ist in Gefahr – spätestens seit der Finanz-, Ukraine- und Flüchtlingskrise wissen wir das. An vielem was heute geschieht, sind wir auch selbst schuld, zum Beispiel durch Waffenlieferungen, subventionierte Billigexporte in arme Länder, wodurch deren Wirtschaft ausgehöhlt wird oder durch eine einseitige USA dominierte NATO-Politik, die über Eigenheiten anderer Länder hinweggeht und somit neue Spaltungen provoziert.

So zeigt das Zeitenschicksal bestimmte Signaturen, die auch in der Kosmologie, also im Lauf der Sterne und Planeten ihre Entsprechung finden. Dies ist natürlich sehr komplex. Ich greife daher nur einen Aspekt heraus: Pluto im Steinbock. Mit Beginn der Finanzkrise 2007/08 durchläuft Pluto den Steinbock bis 2023/24, dann beginnt er im Tierkreiszeichen Wassermann zu wirken.

Steinbock steht für Verantwortung, Treue, für traditionelle Strukturen und für das Gericht. Pluto ist das gestaltwandelnde, transformatorische Prinzip, also mahnt diese Konstellation zu Verantwortung, Reife und Gewissenhaftigkeit. Pluto prüft die alten Strukturen, ob sie für die Zukunft noch taugen, sonst werden sie mit der Zeit zerstört, denn er zeigt auf, was hinter den äußeren Erscheinungen beziehungsweise was gerne „unter den Teppich" gekehrt wird; er offenbart dabei das Schattenhafte, das Dunkle, das zu Wandelnde. Doch er wirkt nicht revolutionär, sondern eher vernichtend und korrumpierend. Das heißt mit anderen Worten: es waltet das Karma – und zwar durch die Machtstrukturen auf die Masse, auf das Kollektiv. Pluto regiert und impulsiert die Massen. Im Steinbock sind dadurch noch die alten traditionellen Strukturen stark. Erst im Wassermann wird er für wirklich neue Impulse sorgen können, wenn auch dessen „Schatten" erkannt und gewandelt worden sind. So lange werden wir wahrscheinlich noch den Krisen hinterherlaufen müssen.

Doch sollen wir auch heute schon das Zukünftige vorbereiten, denn wenn es immer nur ein „weiter so" geben würde, nähme das Unheil nur noch zu. Die Dreigliederungs-Gedanken, zum Beispiel in den Schlagworten: Freiheit, Gleichheit, Brüderlichkeit sind Qualitäten und Begriffe, die zum Wassermann gehören.

Schauen wir diese Dreigliederung in den Bereichen der Gesellschaft an, so zeigt sich im Bereich des Wirtschaftsleben ein globaler Handel, eine Weltwirtschaft. Jedoch, die beabsichtigten und bestehenden Freihandelszonen schaffen eher wirtschaftliche Ungleichheiten, weil sich in der Freiheit meist der Stärkere durchsetzt. Dagegen braucht es in der Wirtschaft Regeln, zum Beispiel für den Arbeits-, Umwelt- und Verbraucherschutz. Nicht Freihandel, sondern fairer Handel ist angesagt. Die Freiheit gehört ja in das Geistes- und Kulturleben hinein. Im Wirtschaftlichen soll solidarisches beziehungsweise brüderliches Handeln dem Wohl der Gemeinschaft dienen und dies am Besten durch ein Dienen und Teilen.

Das Rechts- und Staatsleben ist heute immer stärker damit beschäftigt, die entstandenen Probleme und Krisen zu verwalten. Echte Visionen für eine gesunde Zukunft sind seitens der Politiker Mangelware. In Kumpaneien und Parteiengezänk ist das politische Leben aufgeteilt.

Eine Idee Europas war ja auch, dass nationalstaatliche Grenzen fallen sollen, doch die Wirklichkeit zeigt auf, dass Kleinstaaterei und Nationalismus noch lange nicht überwunden sind. Auch deshalb, weil die Gefahr besteht, in einem riesigen Europa die eigenen staatlichen Einflussmöglichkeiten zu verlieren. Demokratische Prozesse, bei denen die Bürger mit entscheiden können, sind in der EU leider zu wenig vorhanden. Jeder Mensch innerhalb der EU sollte das gleiche Recht haben, Regeln und Gesetze zu wählen, die ein friedliches Miteinander möglich machen. Dieses Recht sollte er dann auch kundtun können. Und zwar nicht nur in Wahlen oder Demonstrationen, auch Abstimmungen und Petitionen sind Mittel, um dem Volkswillen mehr Gehör zu verschaffen.

Jedoch, die gesundenden Impulse für ein gesellschaftliches Leben werden aus dem Kultur- und Geistesleben beziehungsweise aus der Zivilgesellschaft entspringen, denn nur in individueller Freiheit, die dem Geistesleben zugrunde liegen muss, kann der Einzelne erkennen, was gut oder schlecht für ihn ist. Diese Freiheit kennt keine staatlichen und politischen Grenzen. Hier erst ist eine Welt-Offenheit angesagt, da diese mit dem Ganzen des Menschlichen, mit dem Menschheitlichen verbindet und dies vor allem in der Wissenschaft, in der Kunst und in der Religion.

Die Wissenschaft kennt zumeist keine nationalen Grenzen mehr, sie ist global, jedoch meistens noch sehr materialistisch eingestellt. Mit der Gehirnforschung beziehungsweise der Erforschung des Bewusstseins und der Quantenphysik sind inzwischen neue Erkenntnisse möglich, die das materialistische Weltbild sprengen und zu einer spirituellen Erweiterung hinführen können.

Um den massiven Angriffen beziehungsweise den Untergangs- und Todeskräften einer materialistischen Kultur neue Impulse aus dem geistigen Leben entgegensetzen zu können, damit eine gute geistige Aura entstehen kann, die schützt und stärkt, bedarf es vieler Menschen, die sich einem geistigen Leben zuwenden.

Die Kunst hat heute am wenigsten Grenzen, sie ist global. Nationale Kunst war gestern. Zwar ist sie dadurch ziemlich beliebig geworden, meist nur noch an biographische und individuelle Möglichkeiten der Künstler gebunden, so bewegt sie doch noch viele Menschen und sogar in totalitären Staaten hat die Kunst ein enormes Veränderungspotential in sich.

Was die Grenzen betrifft, tun sich die Religionen noch schwer, diese abzubauen. Auch in spirituellen Strömungen ist eher noch ein Geist der Abschottung zu erkennen. Die Anthroposophie sollte, als Beispiel, ja einen Raum schaffen, in dem sich verschiedene geistige Strömungen begegnen, kennenlernen und austauschen können. Gebündelte Kräfte erhöhen die Wirksamkeit. Alle Religionsstifter und geistige Lehrer tragen „Mosaiksteine" bei, die erst allmählich zu einem Gesamtbild gereichen können.

Nur, wenn man vorurteilsfrei die Geistesgeschichte der Menschheit betrachtet, war der Schutz vor negativen Einflüssen beziehungsweise waren die Impulse für einen sozialen Fortschritt, immer mit einem Opfer verbunden. Oftmals bestand das Opfer sogar im Verlust des eigenen Lebens, wie zum Beispiel bei den Templern und Katharern oder in den vielen Kriegen. Jedoch konnte sich Europa auch zahlreichen Angriffen, zum Beispiel der Hunnen, Osmanen und Sarazenen erwehren und dies vor allem im Mittelalter durch Gebet und religiöse Hingabe. Dadurch konnte eine Aura in einem christlichen Geist geschaffen werden, die schützend wirkte. Wie kann nun ein heutiges Opfer aussehen, was ist heute notwendig, um eine geistige Aura bilden zu können, die dem Menschlichen gerecht wird und die vor seelischer Kälte und Selbstsucht schützen hilft?

Das heutige Opfer besteht darin, dass wir eine Reinheit des Seelischen anstreben sollen; negative Gedanken und Gefühle, Verurteilungen und Schlechtrederei sollen so verwandelt werden, damit immer auch etwas Positives gesehen werden kann. So werden von manchen Seiten zum Beispiel Religionen für überflüssig erklärt, weil sie eh nur Streit und Zwietracht bringen.

Der Buddhismus, der sich heute verstärkt als Alternative anbietet, will ja keine Religion sein, denn einen „Gott" braucht man nicht. Nur noch eine humanistische Ethik soll die Geschicke der Menschen lenken, wie dies der Dalai Lama proklamiert. Selbst ein Franz Alt meint, die Bibel sei falsch übersetzt und damit untauglich für ein gesundes Menschsein.

Natürlich ist nichts dagegen einzuwenden, wenn Menschen einen Schulungsweg durch Meditation anstreben, der sie zum hohen Selbst, zur Buddha-Natur beziehungsweise zum kosmischen Selbst oder höheren Ich hinführen kann. Dies kann der Mensch auch ohne göttlichen Beistand erreichen. Das religiöse Streben ist jedoch ein Urbedürfnis der menschlichen Seele, manchmal zwar etwas verschüttet. So machen viele Buddhisten den Buddha selbst zu einem „Gott", wenn man nur einmal die vielen Statuen und religiösen Hinwendungen zu diesem in buddhistischen Ländern betrachtet.

Der religiöse Weg schließt die göttlich-geistige Welt mit ein. Daraus kommen mannigfaltige Hilfen von geistigen Wesen, von Michael, der den Drachen bekämpft, von Widar, dem nordischen Geist, der den Fenriswolf beherrscht, vom Schutzengel und anderen. Jedoch, alle Mächte des Himmels warten auf die Zuwendung und die Bitten und Fragen der Menschen. Die Gnade von „Oben" kommt eben nur noch der Bemühung von „Unten" entgegen. Und dies bis in persönliche Bereiche hinein, das kann immer wieder beobachtet werden.

Wenn man die Entwicklung des Religiösen näher betrachtet, so kann eine Religion in dreifacher Weise ausgelebt worden sein. Erstens in einem irdischen Kontext aus Überlieferung, Tradition, Weisung und Regelwerk, zweitens in einer lebendigen Offenbarung und inneren Einheit und drittens in einem untersinnlichen, dämonischen Abirren, im Schatten des Religiösen, der immer da ist, wo ein „Licht" in das Irdische scheint. Wegen diesem Schatten jedoch das Licht meiden zu wollen, wäre nicht ganzheitlich gedacht. „Durch Nacht zum Licht", die negativen Seiten und Unvollkommenheiten fordern gerade das Gute heraus, sie zwingen zur Umkehr, wenn wir nicht daran zugrunde gehen wollen.

So dürfen wir zum Beispiel auch ein „himmlisches" Schutzkleid anziehen, also auch um eine Schutzaura bitten, die uns sogar vor schädlichen Strahlen (E-Smog, Radioaktivität) und dunkelmagischen Angriffen schützen hilft. Wir bitten um geistige Führung, tun aber auch das Unsrige, um das eigene Seelische vom Ich aus wandeln, lenken und gestalten zu lernen. Und natürlich müssen wir uns für eine gesunde und friedliche Welt einsetzen.

Selbst für den Leib sind uns aus dem Garten Gottes, der Natur, zahlreiche Pflanzen und Substanzen geschenkt, die den krankmachenden „Zivilisations-Errungenschaften" Positives entgegensetzen können. Nur annehmen und tun müssen wir es selbst. Wir sind heute so reich beschenkt an vielfältigsten Möglichkeiten. Aus allen Ländern und Kulturen der Erde strömen uns Wege des Heilens zu, die uns persönliche und spirituelle Schulungsmöglichkeiten offenbaren und positive Ansätze anbieten.

Daher darf man nicht nur auf die Probleme, Katastrophen und Bösartigkeiten in der Welt hinschauen. Auch da gilt es noch, das Gute sehen zu lernen. Eine dankbare Haltung ist hilfreicher als eine Weltuntergangsstimmung. Wir sind in Mittel- und West-Europa noch weitgehend frei und haben viele Möglichkeiten, nicht nur im Politischen und Sozialen tätig zu werden. Vor allem sind wir in der Ausübung unserer Spiritualität vollkommen frei, da können wir uns nur selbst behindern. Es liegt also an uns, an jedem Einzelnen, an unserer eigenen seelischen und geistigen Entwicklung – bis in das Weltgeschehen hinein, welche Zukunft wir uns imaginieren, welche Zukunft wir wollen und schon im Geiste mitgestalten können. So ist die Idee der Dreigliederung, wenn sie genügend imaginiert und durchdacht wird, ein Zukunftsimpuls, der einmal aufgehen wird, wenn die Zeit dafür reif geworden ist. Und sie wird um so eher reif werden, je mehr Menschen sich dafür einsetzen.

Was jeder Einzelne immer aus dem Geiste heraus, im Namen Gottes tun kann, ist zum Beispiel segnen zu lernen. Segnen wir Tiere, Pflanzen, Menschen, Kinder, Kranke, Flüchtlinge, Feinde und die dunklen Mächte, so kann man manchmal kleine „Wunder" erleben.

Wir schaffen mit an einer geistigen Aura für das Haus, die Stadt, die Region durch Erkenntnis, Weisheit, Liebe und Güte. Damit können wir segnen. Im Gebet und im Segen halten wir Zwiesprache mit der Welt, mit der geistigen und der irdischen. Natürlich auch durch eine meditative Schulung, durch die höhere Fähigkeiten einer imaginativen Schau beziehungsweise einer inspirativen und intuitiven Erkenntnis und damit eine Bewusstseinserweiterung erworben werden können, mit denen wir in direkten Kontakt zu elementarischen und geistigen Wesenheiten treten dürfen. Dies wirkt geistig stärkend und schützend bis in natürliche und soziale Prozesse hinein.

Tritt der Mensch ganz bewusst über die Grenzen des nur sinnlich erfassbaren Physischen durch spirituelle Schulung und Erkenntnis, so hat dies nicht nur für ihn persönlich eine Bedeutung. Die ganze Welt, die leidende Natur wartet auf den Menschen, der sich in seinem ganzen Menschsein als geistig-irdisches Wesen begreift und daraus zu handeln beginnt. Im Sinne des Guten, des Wahren und des Schönen in Weisheit, Liebe und Güte.

Vom Sinn des Lebens

Die Frage nach dem Sinn des Lebens hat schon viele Menschen beschäftigt, manchmal auch bedrückt, doch gibt es auch viele, die ihr Leben einfach nur so dahinleben, ohne groß darüber nachzudenken. Sie tun ihre Pflichten, die der Alltag erfordert und lassen es sich gut gehen und sind relativ zufrieden.

Die tiefsinnigen Geister, die Psychologen, Theologen und Philosophen, beschäftigen sich seit langer Zeit mit dem Sinn, so dass es verständlich ist, wenn zumindest in Krisenzeiten damit gerungen wird.

Nun kann man in unseren Tagen aber davon ausgehen, also im Zeitalter des Individualismus, dass jeder Einzelne seinen eigenen, ganz individuellen Sinn finden muss, denn einen Sinn, der für alle Menschen gleichermaßen gelten soll, wird so leicht nicht zu finden sein. So macht es für manche Menschen Sinn, in der irdischen Werk- und Berufswelt erfolgreich zu sein, andere wollen eine Familie gründen, wieder andere einer sinnvollen Tätigkeit nachgehen, bei der sie helfen und heilen oder sich künstlerisch, sportlich, in Bildung und Freizeit verwirklichen können.

Ja, das irdische Leben bietet reichhaltige Möglichkeiten, sich erproben, beweisen und erweitern zu können, damit wir dazulernen, wachsen und reifen, damit wir letztlich mit uns selbst zufrieden sein können. Dies betrifft vor allem auch die gesellschaftliche Anerkennung, also auch den Status und der ist natürlich ein anderer in einer materialistischen Gesellschaft als noch in Kulturen, in denen auf spirituelles Wachstum und religiöse Entwicklung Wert gelegt wird.

So war die Frage nach dem Sinn immer auch eine religiöse Angelegenheit. In Zeiten, in denen der Atheismus zunimmt, wird sie oftmals ausgeklammert oder auf bloße humanistische Werte reduziert.

Können wir dann überhaupt noch von einem Sinn sprechen, der uns alle angeht, der für viele Menschen richtungweisend und sinngebend, also auch erfüllend ist?

Im Persönlichen macht natürlich Sinn, wenn der Mensch seine Lebensaufgabe, seine Schicksalsbestimmung ergreift und diese versucht zu meistern. Doch dann darf er auch über sich hinauswachsen und die Belange der Welt zu eigen machen, also von einem ichorientierten Standpunkt zu einem welt-orientierten sich erweitern. Daraus kommen uns neue Aufgaben und Sinnzusammenhänge entgegen. Diese zu „sehen", dafür brauchen wir erweiterte Wahrnehmungen, neue Sinne, die eben über das Persönliche hinausgehen, zum Beispiel einen Sinn für das Soziale, für das, was zwischen Menschen, Völkern und Gemeinschaften geschehen will und soll.

Das Wort Sinn steckt in den Sinnen darinnen, darauf weist der Sprach-Genius hin. Über die fünf Sinne hat der Mensch bekanntlich Zugang zur Welt, ja, die menschlich erfahrbare Welt baut auf diesen Sinnen auf. Nur müssen wir feststellen, dass unsere Sinnesfähigkeiten begrenzt sind, wir sehen hören, riechen, schmecken und tasten nur einen bestimmten Bereich, anderes ist mit diesen Sinnen nicht wahrnehmbar und daher zunächst nicht existent. Durch die technische Entwicklung wurden diese Sinne aber so verfeinert und erweitert, dass durch Geräte und Messwerkzeuge ganz neue Bereiche und Energien erschlossen werden konnten, die unser Leben heute sehr stark beeinflussen, zum Beispiel in elektrischen und elektronischen Geräten und Automaten. Die Elektrizität, den Magnetismus, die Schwerkraft oder die Radioaktivität hat noch niemand mit Augen wirklich gesehen, also mit den Sinnen wahrgenommen und doch leben wir alle damit, denn die daraus gewonnenen Errungenschaften, sie bringen in vielen Bereichen Erleichterung, Fortschritt, Wohlstand und neue Erkenntnisse, doch ob sie auch mehr Lebenssinn vermitteln können, ist fraglich.

Wir betreten mit der modernen Technik, vor allem auch im Bereich der Digitalisierung, nicht sinnliche, sogenannte untersinnliche Bereiche, da wir diese mit unseren natürlichen Sinnen nicht mehr wahrnehmen können, nur noch über technische Ergänzungen. Die Wahrnehmung allein, also auch die Messung, genügt aber noch nicht, denn zur Wahrnehmung muss auch immer ein passender Begriff, ein Gesetz gefunden werden, damit Erkenntnis entsteht. Und darauf kommt es schließlich an. Mit welchen Kräften und Energien haben wir es in den untersinnlichen Bereichen zu tun, wie wirken sie auf Gesundheit, Wachstum und Lebensqualität des Menschen und der ganzen Erde?

Dies sind letztlich Fragen, die über das Wohl und Wehe entscheiden, nicht nur der technische Gebrauch, der uns materiellen Nutzen und Bequemlichkeiten verspricht. Oder muss die Menschheit immer nur aus ihren Fehlern und dem unreifen Gebrauch ihrer technischen und naturwissenschaftlichen Errungenschaften lernen, so wie dies dem „Zauberlehrling" geschieht? Haben wir nicht auch andere Möglichkeiten, neue Sinne in uns, die uns warnen können vor falschen Entwicklungen, die aus dem nicht-sinnlichen Bereich hervorgehen, die aber ihre Auswirkungen im Sinnlichen haben, wie zum Beispiel in den Klimaveränderungen, in sozialen und kulturellen Zerwürfnissen, im gesellschaftlichen Auseinanderbrechen und in gesundheitlichen Beeinträchtigungen, so wie dies heute vielerorts erlebt werden kann.

Einen Sinn zu entwickeln für soziale Prozesse, zum Beispiel in der Wahrnehmung eines Raumes, in dem Menschen sind; welche Stimmung, welche Färbung, welche Energie darin ist, dafür können wir feinfühlig werden. Oder im Gespräch; nicht nur die enthaltene Information ist wichtig, auch das, wie gesprochen und auch das, was nicht gesagt wird, das, was zwischen den Worten „ertönt", kann allmählich in Erscheinung treten, wenn wir dafür einen Sinn entwickeln. Oder auch ein ästhetischer Sinn, ein Sinn für Schönheit, da sind wir doch schon etwas vorangekommen, vielleicht auch durch viele abstoßende Gestaltungen, die uns der öffentliche Raum manchmal darbietet. Die Schönheit in der Natur, in Raumproportionen, in der Kunst, aber auch in menschlichen Beziehungen wahrzunehmen, bildet innere Sinne aus, die ich die Sinne für das Übersinnliche nenne. Einen Sinn für das Wahre, für das Gute und das Schöne zu entwickeln, ist zumindest seit der Zeit der antiken Griechen eine Menschheitsaufgabe.

Diese feineren, inneren Sinne, sie wollen geübt und geschult werden, so zum Beispiel das „Hören" auf die innere Stimme, auf das Gewissen oder im Gespräch, im Gebet mit den göttlichen Welten. Und haben wir nicht auch einen Sinn für das Wahre, gibt es nicht auch in uns eine Instanz, wo wir wissen können, was für uns wahr und auch gut ist?

Die Sinne dafür zu entwickeln, macht ganz sicher Sinn. Eine feinere Sinnesschulung, ein Erwecken der „übersinnlichen", der inneren Sinne, mit denen wir zwischen-menschliche Energien und Kräfte wahrnehmen lernen, mit denen wir Intuitionen und Inspirationen aus übersinnlichen, nicht sichtbaren Bereichen wahrnehmen lernen, darauf kommt es zukünftig immer stärker an, wenn wir die niederziehenden, ausbeuterischen und dunklen Seelenkräfte durchschauen wollen, die immer stärker unser irdisches Leben durchdringen und beeinflussen. Eine Sinnes-Schulung macht Sinn; ein Weg zur feineren Wahrnehmung von Kräften, die über die natürliche Sinnlichkeit hinausgeht, schafft erst eine Erkenntnisgrundlage, die dem Menschen zu einer Ganzheit gereichen kann.

Wir haben leibliche Sinne, wir können dazu aber auch seelische und geistige Sinne entwickeln, ohne die wir es in Zukunft schwer haben, eine rechte Urteilsgrundlage gewinnen zu können. Einen Sinn für die Liebe, für das göttliche Licht, für das Lebendige, das uns überall umflutet, zu entwickeln, darauf kommt es heute immer stärker an. Schauen wir mit den Augen der seelischen und der geistigen Liebe in die Welt, werden wir diese immer mehr darin entdecken, denn die Liebe macht sehend.

Schauen wir mit seelischem und geistigem Licht, mit einem neuen, intuitiven Erkennen in die Welt, so werden wir immer stärker wahrnehmen können, wie alles mit allem in unendlicher Weisheit zusammenhängt. Und bringen wir unser eigenes Leben, unsere Lebenskräfte mit denen in der Natur um uns herum in Einklang, so werden wir dieser feineren Strömungen immer mehr gewahr, in uns und dann auch in der Welt.

So wächst der Mensch allmählich in eine Welt hinein, die der natürlichen Welt ihre Grundlage, ihre Existenz schenkt und ihre werdende, wirkende Kraft bewirkt. Darin finden wir erst den Ausgleich zur Unternatur, in die sich die heutige Menschheit mehr und mehr verstrickt. Nimmt das Untersinnliche Überhand, wird Krankheit, Zerfall und Tod die Folge sein. Betreten wir die Reiche des Seelischen und Geistigen durch eine individuelle Sinnes-Schulung und dem Erkennen der geistigen Gesetze der übersinnlichen Welt, so können wir einen Ausgleich und eine Heilung erreichen; doch dies heute nur noch auf dem Wege der individuellen Freiheit.

So muss eine zeitgemäße spirituelle und religiöse Schulung immer in der Verantwortung der Einzelnen erfolgen. Religion in alter Zeit, zum Beispiel im Alten Testament, gab dem Menschen von „Oben" durch Gebote und Gesetze vor, was er zu tun habe. Im Neuen Testament gilt das Gebot der Liebe. In der Liebe können wir dann auch den Zugang zur Welt finden, da sie uns mit allem versöhnt, wodurch also eine Schicksalsheilung geschehen kann.

Zukünftige Religion muss aber eine Religion der Freiheit sein. Nur noch, was wir in freier Entscheidung anstreben, ist von individueller Bedeutung. Gewiss, wir können uns auch für das Dunkle, für das Verneinende und Zerstörerische entscheiden. So ist die neue Religion eine apokalyptische, in der sich die geistigen Welten offenbaren, enthüllen werden. Entweder die finsteren oder die lichten Geister kommen zur Erscheinung; ob wir daran glauben oder nicht, spielt hierbei keine Rolle.

Die Weltereignisse offenbaren jedoch sehr deutlich, dass heutzutage immer stärker die Kanäle zu den finsteren Kräften und Wesen freigelegt werden, auch durch bestimmte Techniken, einem einseitigen Materialismus oder dem Egoismus fördernden kapitalistischen Wirtschafts- und Geldsystem und dem daraus resultierenden sozialen Ungleichgewicht.

Der Mensch lernt meist aus Katastrophen und Unglücken, leider weniger aus Einsichten, die er in Freiheit suchen kann. Doch das können wir selbst bestimmen, hier sind wir frei. Schulen wir also unsere Wahrnehmungen für Kräfte, die uns zum Guten oder zum Bösen hinleiten wollen, schulen wir geistige Wahrnehmungs- und Erkenntniskräfte, so macht das durchaus Sinn.

Nicht nur im Irdischen einen Sinn suchen und sich damit begnügen, ist heute angesagt. Die Menschheit wird immer stärker mit untersinnlichen, auch dämonischen Kräften konfrontiert werden müssen, mit denen wir nur noch fertig werden unter Zuhilfenahme göttlich-geistiger Kräfte, also durch einen Schulungsweg, der uns mit den guten Geistern, Energien und Wesen verbinden kann. Diese Schulung macht durchaus Sinn, schenkt Sinn und eine Fülle der Erkenntnisse und bereichert somit das Leben von Innen her.

Hin zu einer neuen Religion

Das heutige Religiöse ist stark von Zerfallstendenzen bedroht. Oft sind nur noch Dogmen, Traditionen, eine Lauheit oder verkrampfte bis hin zu pervertierten Formen des Religiösen übrig geblieben. Einige Bestrebungen seitens buddhistischer und atheistischer Kreise wollen deshalb am Liebsten das Religiöse ganz abschaffen, dafür nur noch humanistische, ethische Werte setzen. Doch das wäre ein: „das Kind mit dem Bade ausschütten", denn dann verlören wir auch den Kern, die Quelle des Religiösen – nämlich Gott.

Dahin wiederzufinden ist heute trotz aller Untergangs-Tendenzen wieder möglich, nicht aber mehr über Traditionen und Gebote, sondern in Freiheit, wenn wir bereit werden, einen individuellen Weg einzuschlagen, der eine ehrliche Beziehung und Einheit mit dem Göttlichen anstreben will.

Alte Religionen haben das Göttliche meist nur noch in Überlieferungen, in Gesetzen, Geboten und Anordnungen als den strengen Richter und Lehrer zur Verfügung. Außer in manchen östlichen Schulen beziehungsweise auch in manchen christlichen Strömungen, wo zum Beispiel im Yoga-Weg oder in sufistischen Exerzitien oder durch mystische Entsagungen versucht wird, die ursprüngliche Einheit mit der göttlich-paradiesischen Welt wiederzufinden. So erfahren auch einige schamanische Ausrichtungen heute einen größeren Zulauf, weil darin noch eine gewisse Verbindung zu übersinnlichen Bereichen bewahrt werden konnte. Somit gibt es doch noch kleine „Rinnsale", in denen geistiges Wissen aus dem vatergöttlichen Himmelsreich beziehungsweise dem muttergöttlichen Bereich der Weisheits-Sphäre der Erde zu uns kommen können; eine gesellschaftswirksame Aufgabe für die Zukunft haben sie nur bedingt, da diese Kräfte und Möglichkeiten mit der wachsenden Individualisierung und Ich-Werdung schwinden.

Alte Wege und Religionen schalten zumeist das Ich aus, weil gerade dieses Ich, dieses menschliche Eigensein von der All-Einheit trennt. So müssen zukünftig neue Wege gefunden werden, die eine Wiederverbindung, eine „Religio" erlauben, ohne auf die Selbstbestimmtheit und Freiheit des Ich-Wesens verzichten zu müssen.

Eine alte Spiritualität hat Geist, aber kein Ich, hat also eine ichlose Geistigkeit. Im Westen, wo sich geistesgeschichtlich das Ich herausgebildet hat, ist dieses Ich meist so stark im Egoismus versunken, dass es den Geist verloren hat, also zu einem geistlosen Ich geworden ist. In Zukunft sollen sich diese Polaritäten wieder vermählen. Dies ist letztlich die Aufgabe eines Religiösen, das selbst einen Weg, einen Werdegang beschreitet, wobei man drei Stufen des Religiösen unterscheiden kann, so wie dieser Weg exemplarisch im Aufbau der Bibel gefunden werden kann.

Das Alte Testament beziehungsweise alte Religionen sind durch Gesetze, Regeln, Gebräuche und Gebote bestimmt. Ich nenne sie deshalb Gesetzesreligionen, wie dies zum Beispiel das Judentum und der Islam hauptsächlich zeigen.

Im Neuen Testament ist ein neues Gebot gegeben, nämlich die Entwicklung der Liebe, des Glaubens und der Hoffnung. Dies hat die christliche Welt vorangebracht, wenn auch da oftmals noch vieles aus dem Alten Testament hereinragt.

In der Offenbarung des Johannes, in der sogenannten Apokalypse, ist eine weitere Stufe zu finden, die eigentlich recht wenige Menschen verstehen, die aber zukünftig immer wichtiger werden wird, da unsere Zeit zunehmend apokalyptische Ausformungen annehmen wird. Apokalypse heißt schließlich auch Enthüllung – ja, das Göttlich-Geistige will sich wieder zeigen, offenbaren, enthüllen.

Doch die göttliche Welt baut dabei auf die Freiheit des Menschen, also auch auf die Freiheit in der Religion. Den Weg der Apokalypse muss man gehen wollen, sonst bleibt dieses Buch für den Einzelnen verschlossen, nur die Wirkungen daraus erfahren wir Menschen in den Zeitereignissen um uns her – verstehen tun wir sie dann meistens leider auch nicht wirklich.

Die Freiheit des Menschen kann eben so genutzt werden, dass sie in einem Für und Wider dem Göttlichen, dem Weltenwillen gegenüber, genutzt werden kann. Also wird es in einem künftigen Streben auf eine individuelle Religio, eine individuelle Wiederverbindung ankommen müssen, wenn die Freiheit gewahrt bleiben soll. Das heißt aber nicht, dass es keine religiösen Gemeinschaften mehr geben darf.

Die neue Gemeinschaft hat sich verstärkt an den geistigen und kultischen Vorgaben und Wesen auszurichten, also an dem, wie es tatsächlich in übersinnlichen Sphären zugeht, wie dort das kultische Leben ersteht und zum Beispiel in den apokalyptischen Symbolen des Buches, des Altares und des Tempels in Erscheinung tritt. Somit kann jeder Einzelne versuchen, einen Zugang zu bekommen zu dem göttlichen Buch, von dem die Bibel, als Beispiel, nur einen irdischen Widerhall darstellt, wie auch in anderen inspirierten Büchern, die etwas vom Wesen und Gesetz des Himmels offenbaren. Im himmlischen Altar und Tempel sind weitere Imaginationen vorgegeben, denen wir uns in aller Demut und Bescheidenheit nähern dürfen, damit daraus neue Impulse für irdisch-kultische Handlungen, also für ein priesterlich-sakrales Wirken entspringen.

Eine Verordnung von „Oben", von religiösen Institutionen und „Autoritäten" ist nicht mehr zukunftsfähig, denn wie gesagt, leben wir in einer Zeit der Enthüllung, der erneuten Annäherung des Göttlichen und zwar vor allem durch die sogenannte Wiederkunft Christi, die bereits begonnen hat und sich mehr und mehr in der Menschheit enthüllen wird. Sie kann dem Menschen zum Segen, aber auch zum „Fluch" werden, je nachdem, ob er sich diesen Wirkungen öffnet, sie in sich einlassen kann oder ob er sich davor verschließt.

Viel Altes und Überkommenes muss in unserer Zeit zugrunde gehen, sterben, damit man sich wirklich für das Neue öffnen kann, das mahnen die heutigen Zeitgeschehnisse ganz besonders, wenn wir nur die Klima- oder die Flüchtlingsproblematik oder die zunehmende Weltbevölkerung, wie auch den ökologischen Zustand unserer Erde, sowie die sozialen Ungerechtigkeiten und das kapitalistische, Egoismus fördernde Wirtschaften betrachten, die uns immer stärker an einen Abgrund heranführen. Diese Zustände und Auswüchse konnten ja nur entstehen, weil sich das Menschenwesen zu sehr im Irdischen verstrickt hat. Das Gleichnis vom verlorenen Sohn deutet biblisch auf dieses Geschehen hin.

Apokalyptisch, also in der Geistesgeschichte der Menschheit, wird unsere Zeit im Sendschreiben an die Gemeinde Sardes beschrieben. Da sind die Mahnungen und Aufgaben enthalten, die aus der geistigen Welt an uns gerichtet sind. Daher zitiere ich dieses Sendschreiben:

„Es spricht zu euch, der Macht hat über die göttlichen Schöpfergeister und die sieben Sterne. Du hast den Namen eines lebendigen Wesens und bist doch tot. Strebe danach, in deinem Bewusstsein zu erwachen und erkrafte, was in deiner Seele noch lebendig ist, damit es nicht auch noch erstirbt.

Ich kann dir nicht bestätigen, dass dein Tun vor dem göttlichen Angesicht volle Wirksamkeit besitzt. Belebe in dir die Erinnerung an alles, was du aus geistigen Welten empfangen und gehört hast. Pflege es in dir und wandle deinen Sinn. Wenn du nicht zu einem höheren Bewusstsein erwachst, so werde ich wie ein Dieb kommen. Du wirst nicht wissen, zu welcher Stunde ich über dich komme.

Einige wenige Namen hast du jedoch in Sardes, die ihre Gewänder nicht befleckt haben. In weißen Gewändern werden sie meine Pfade gehen. Dessen sind sie würdig.

Wer überwindet, soll gleicherweise mit weißen Gewändern bekleidet werden, und ich werde seinen Namen nicht auslöschen aus dem Buche des Lebens. Ich will mich zu seinem Namen bekennen vor dem Angesicht meines Vaters und vor seinen Engeln.

Wer Ohren hat, der höre, was der Geist spricht." (Offenbarung Kap. 3, Übersetzung Emil Bock).

Weiß ist die Farbe des Geistes, Rot die Farbe der Seele und Schwarz die Farbe des Leibes. Bemühen wir uns also für ein geistiges Leben, ziehen wir unser geistiges Wesen, unseren Geistkern an, so werden wir mit Geisteskraft und einem Geistbewusstsein bekleidet. Wenn nicht, wenn wir also im Leiblich-Seelischen verharren, in irdisch-persönlichen Wünschen und Bestrebungen und uns darin verlieren, kommt Christus als Dieb, der wegnimmt, der also den Rest an seelisch-geistigen Kräften wegnimmt, die dem Menschen für seine Erdenreise mitgegeben waren. So zum Beispiel die Gedächtniskräfte, die zusehends den Menschen unserer Tage entschwinden, wenn er nicht ichhaft und in Freiheit seine Erinnerung schult, die irdische Erinnerung und die Erinnerung an unser ursprüngliches geistiges Wesen, an unser höheres Ich. Wir unterscheiden schließlich eine horizontale, zeitlich-irdische Erinnerung und eine vertikale, überzeitlich-geistige Erinnerung; dieser können wir uns durchaus bewusst werden.

Christus kommt also als ein Dieb; er nimmt weg, wenn wir uns dem Geistigen verschließen. Alte Errungenschaften gehen verloren, auch alte Geistigkeiten, die bisher getragen haben, wie zum Beispiel Traditionen, Nationalismen, Abstammungen und bisherige Gemein-schaftszusammenhänge bis in die Familien hinein. Wenn diese nicht gewandelt, verchristlicht und damit erweitert werden, geraten sie in finstere, widergöttliche Bereiche hinein, wie dies zum Beispiel im Nationalsozialismus zu sehen war, der die Blut- und Boden-Ideolo-gie, also eine Abstammungstheorie einer individuell zu erringenden Spiritualität, die dem freien Humanismus dient, entgegen setzte.

Der Christus-Impuls ist immer mit einem Neu-Anfang verbunden, das Alte muss sterben können. Ein neuer Menschheits-Impuls, ein individueller Ich-Impuls ist mit der Wiederkunft Christi verbunden. Daher die aufrüttelnden Zeitenkrisen. Ein Neu-Anfang, eine Wiedergeburt in der menschlichen Seele will sich durch die Christuskraft ereignen. Das ist die neue Religion. Sie muss zum Quell des Geistigen zurückfinden, zum lebendigen, wiederkommenden Christus, sonst werden die Untergangs-, Schwäche- und Todesprozesse im seelischen und gesellschaftlichen Leben noch zunehmen müssen.

Christus kommt bei seiner Wiederkunft auf den Wolken. Das können die dunklen Zeitereignisse sein, hinter denen erst das geistige Licht, die geistige Sonne zu schauen ist. Andererseits sind Wolken ein Bild für das Ätherische, das Lebendige im irdischen Lebensbereich. Er kommt im Ätherischen in „Engelsgestalt", so verkündete dies Rudolf Steiner und so haben ihn schon einige Menschen wahrgenommen.

Wir dürfen uns also vorbereiten, sehend zu werden im Innern, in unserer Seele und im Bereich der Lebenskräfte und im Außen, in den Zeiterscheinungen und Lebenswelten.

Die Lebenskräfte sind vierfach gegliedert, wie dies gut im Pflanzenreich, das Ausdruck des Lebendigen ist, zu erkennen ist:

- der Wärmeäther – bei der Pflanze, im Lebendigen als Wachstum; im Menschen, im Seelischen in der warmen, ichhaften Liebe, im Mitgefühl

- der Lichtäther – bei der Pflanze als Reaktion auf das Licht; im Menschen in der Weisheit der Seele, durch Sinnes-Schulung, Denken und Erkennen

- der Klangäther – in der Pflanze als Stoffwechsel; im Menschen in den Tiefen der Gefühle, in rhythmischen Prozessen, im Jahreslauf, im Tag- und Nacht-, wie auch im Atem-Rhythmus, im Auf- und Abbau und so weiter

- der Lebensäther – in der Pflanze als Fortpflanzung; im Menschen in den Kräften des Lebendigen, in der Information (Genetik) des Lebendigen, also auch im Geschlecht und im Eros, der sich vom nur Irdischen befreien kann und einen Weg darstellt zu feinstofflichen Ebenen und Sinnen.

Ergründen und Erüben wir diese Kräfte und erkennen wir sie in allem Lebendigen, werden wir mehr und mehr in Christus wiedergeboren. Christus verbindet, er bringt unseren höheren, unseren geistigen Menschen, unser wahres, göttliches Ich in unser Ich und unsere Seele hinein. Sich mit diesem sich immer mehr verbinden, ist die neue Religion, die nur in individueller Freiheit gefunden werden kann.

Entweder wir beschreiten den Weg hin zu diesem Geist, zum heiligen Geist in uns oder wir verlieren uns immer stärker im Egoismus, in alter Blut- und Leibgebundenheit, in gruppenhaften Nationalismen, im Fundamentalismus bis hin zum Terrorismus, also in Machtkämpfen und Hassgefühlen oder in der Vereinnahmung durch die Technik, in elektronischen Spielen und seelischen Automatismen, weil wir diesen innerlich nicht mehr genügend eigene Kräfte entgegensetzen können. Die nur irdisch und untersinnlich ausgerichteten Kräfte und Mächte rufen uns also dazu auf, sich vermehrt den geistigen Mächten und Wesen zuzuwenden. Ansonsten kommen wir immer stärker in die Abhängigkeit und Versklavung dieser Gewalten hinein, so wie dies in der Apokalypse des Johannes in dramatischen Bildern veranschaulicht wird.

In dieser Apokalypse, in dieser „Enthüllung", wird ja die Entwicklung der Menschheit beschrieben, wie sie von einem übersinnlich-geistigen „Standpunkt" aus gesehen wird. In diese geistigen Sphären bewusstseinsmäßig einzudringen, ist dann der tiefere Sinn dieser neuen Religion. Es ist die Religion des Heiligen Geistes, der uns von Innen her inspirieren, befruchten und verwandeln will. Auf ihn dürfen wir uns ausrichten, ihn dürfen wir in uns einlassen. Er schenkt uns Erkenntnis, Freiheit und das Heil, das uns als ein ganzheitliches Wesen aus Geist, Seele und Leib erleben lässt.

Den Terror besiegen?!

Hass und Gewalt breiten sich weltweit aus; einer Epidemie vergleichbar – sei es im religiösen, nationalistischen, politischen oder persönlich-kriminellen Gewand. Opfer davon sind wir alle. Jeder Mensch ist irgendwie davon betroffen, sei es auch nur durch Angst oder einer persönlich-psychischen Bedrohungsempfindung, die lähmen und das Lebensgefühl einschränken kann.

Wie bei einer akut aufbrechenden Krankheit helfen dann oftmals nur noch die sogenannten „chemischen Keulen" der allopathischen Medizin; so im Weltgeschehen das vereinte militärische Eingreifen, wie im Falle des Islamischen Staates (IS) oder bei Boko Haram, um weitere Gräueltaten verhindern zu können. Dies gleicht jedoch, wie in der Medizin, einer Symptom-Bekämpfung, aber nicht dem echten Beseitigen der Ursachen, ohne die es keine wirkliche Heilung geben kann.

Eine Heilung der Probleme in der Welt ist natürlich keine schnelle Angelegenheit. Viele Faktoren wirken zusammen, bis es zum Ausbruch einer Krankheit oder eines Welt-Konflikts kommt.

Nur die Symptome, den Feind zu bekämpfen, gleicht dem Kampf gegen die Hydra in der antiken Geschichte. Schlägt man einen Kopf ab, wachsen mehrere nach. So ist beim islamistischen Terror gut zu beobachten, dass dieser seit Jahren stärker und gefährlicher wird, obwohl man ihn seit langem massivst bekämpft. Schnell ist man dabei, ihn zu verteufeln. Doch den Teufel kann man militärisch, also mit Waffen nicht besiegen. So sind, geschichtlich betrachtet, auch sämtliche Attentatsversuche auf schlimme Despoten gescheitert. Das Böse kann sich nur selbst vernichten, an sich selbst zugrunde gehen oder wenn ihm der Boden entzogen, wenn ihm keine Unterstützung und keine Fläche zum Andocken mehr geboten wird. Denn das Böse in der Welt hat durchaus einen Sinn und ist deshalb auch zugelassen. Es ist Erzieher der Menschen zum Guten hin, da wir sonst am Bösen mit der Zeit sehr stark leiden und vom abgründig Bösen versklavt werden müssten.

Eine alte indische Geschichte möge diesen Sachverhalt verdeutlichen:

Krishna, ein göttliches Wesen, wurde von einem Dämon provoziert und angegriffen. Es begann ein Kampf. Jedoch, je mehr Kraft und

Energie Krishna einsetzte, um so größer wurde sein Gegner. Und das ging immer so weiter. Krishna erschöpfte sich mehr und mehr, bis ein alter Weiser vorbeikam, der nach einiger Beobachtung riet, Krishna solle sich auf sich selbst besinnen, auf sein Wesen und seine göttliche Kraft.

Und so geschah es; Krishna hörte auf zu kämpfen, sein göttliches Licht wurde wieder so hell, dass der Dämon fliehen musste.

Diese Geschichte kann uns ein Wahrbild sein für den Kampf mit dem Bösen in der Welt. Letztlich ist es immer eine geistige Auseinandersetzung, die sich in den Weltkonflikten entlädt. Vor allem auch in den Auseinandersetzungen, in denen die Religionen eine Rolle spielen, sollte man sich auf das innere Licht, auf das Göttliche besinnen, denn vor diesem muss die Dunkelheit, die Finsternis vergehen.

So unterscheide ich drei Sphären oder Bereiche, in denen sich religiöses Leben offenbaren und ausleben kann. Erstens der Bereich, wo wir mit dem Göttlichen innig verbunden sind, so wie dies geistesgeschichtlich in der Frühzeit der Menschheit, zum Beispiel in den vedischen Kulturen noch möglich war. Die Gottheit und die Menschheit waren noch nicht so stark getrennt, so wie dies zum Beispiel in den germanischen oder antiken Mythologien in vielen Göttergeschichten noch beschrieben wurde. Erst mit der Götter-Dämmerung wurde die Menschheit nach und nach alleine gelassen, nur noch Regeln, Gebote und Traditionen waren übrig geblieben. Dies beschreibt die zweite Sphäre des Religiösen, die eben auf äußere Verrichtungen und Überlieferungen baut.

Wird diese zweite Sphäre als einziges Instrument gesehen, um ein religiöses Leben zu kreieren, kann es sehr leicht passieren, dass Machtansprüche und Ideologien daraus entstehen und das Religiöse dadurch immer mehr in dämonische und wider-göttliche Bereiche abrutscht. Das wäre der dritte Bereich.

Also haben wir als Erstes den Quell des Religiösen, Gott. So wie ein Bach, ein Fluss schon weit von der Quelle entfernt ist und das Wasser sich trübt und mit Schmutz belädt, so auch die Religionen, bis sie manchmal ganz verdreckt sind und sich in widergöttliches Handeln verstricken, wie dies in der Geschichte immer wieder zu sehen war und heute vor allem Teile des Islam betrifft. Das Christentum hatte diese Phase hauptsächlich schon im Mittelalter durchgemacht.

Wie ist demzufolge eine Heilung möglich?

Nur, in dem die religiös Strebenden sich nicht nur auf Äußerlichkeiten beschränken, sondern bereit werden, einen inneren Weg zu suchen und zu gehen, der sie in ihr Herz führt, dahinein, wo das Göttliche im Menschen lebt und wirkt. Über das Gewissen, über Meditation und Gebet finden wir die Wege dahin. Eine Herzens-Arbeit verbindet mit der spirituellen Seite des Religiösen. Man könnte auch von einer esoterischen, im Gegensatz zur mehr exoterischen Seite sprechen. Letztlich müssen natürlich beide Seiten zusammenkommen, wenn religiöses Leben auch den irdischen Alltag befruchten soll. So lässt sich auch ein mystischer Islam, zum Beispiel im Sufismus finden, der heute jedoch in einigen islamischen Ländern verfolgt wird, da dort die dämonische Seite noch überwiegt. Doch die mystische Gottesschau, der innere Herzensweg, ist der einzig gangbare Weg für Moslems, der wirklich zu einer Wandlung und Heilung in den islamischen Ländern führen kann.

Wenn sich immer mehr Moslems dem inneren Weg, dem Weg zur Quelle im Herzen, dem Weg zu Gott verschreiben, so wie dies in früherer Zeit noch praktiziert wurde, als der Islam noch reich an Geistesschätzen, an hoher Kunst, Dichtung und Lebensweisheit war, so wird er sich zum Guten hin wandeln können.

Was jedoch ist heute noch davon geblieben?

Meist leider nur noch verhüllte Frauen, männliches Macho-Gehabe, Kontrolle der „Sitten" durch die selbsternannten „Gelehrten", die vorschreiben, wie der Moslem zu leben hat. Da ist man doch schon sehr weit abgekommen vom inneren Leben, das jeder Mensch selbst in sich hat. Die „Wortgetreuen", die „Pharisäer" verstehen meist das innere Leben nicht mehr, sonst hätten sie ja auch das Göttliche nicht ans Kreuz geschlagen.

Eine innere Arbeit ist also verlangt, nicht die Ausrichtung auf äußere Macht, wie dies viele Mullahs und andere religiöse Führer anstreben. Eine Selbstbesinnung auf das Wesentliche des Religiösen ist anzustreben, das in jeder Menschenseele selbst einen Keim hineinverwoben hat, den es zu entdecken, den es auszugraben gilt, der jedoch oftmals stark verschüttet ist unter den persönlichen Egoismen, unter gruppenhaften Zwängen der Ehre und des Gehorsams, unter äußeren Gebräuchen und Ideologien, religiösen Fanatismen und Fundamentalismen und und und …

Um zu diesem Kern gelangen zu können, müssen die Schalen gesprengt, muss viel Falsches und Ungesundes überwunden werden. Wenn nicht freiwillig, so wird die Geschichte korrigieren. Denn das

Dämonische, das sich an das Falsche anheften kann und klammert, es peinigt und fesselt so lange, bis der Schmerz so groß wird, dass wir umkehren, dass wir von überholten Äußerlichkeiten, von Verordnungen und Maßregelungen ablassen und bereit werden, auf unser Inneres, auf unser Gewissen zu hören.

Man kann sich unvoreingenommen die Frage stellen, warum heute so viele Moslems nach Europa streben. Sicherlich gibt es da welche, die meinen, Europa mit ihren dogmatischen und radikalen Ansichten vereinnahmen zu können, da sie glauben, die freie Lebensweise entspräche nicht der göttlichen Ordnung. Das göttliche Gesetz soll über allem Weltlichen stehen. Dadurch könnte das säkulare Prinzip innerhalb Europas gefährdet sein. Andererseits hat die Freiheit und die Menschlichkeit innerhalb Europas natürlich eine Anziehung auf Unterdrückte und Verfolgte, die unter Zwang und Strafe leiden müssen, weil sie sich dem Machtgebaren einiger politischer und religiöser Despoten nicht mehr unterordnen wollen.

Was ist demzufolge das Gute? Ist man gut, wenn man aus Angst oder aus Tradition bestimmte Regeln befolgt oder ist es gut, wenn ich nur mache, was mir Spaß macht und was mir gefällt?

Da prallen Welten aufeinander – die Welt des Gesetzes und der „moralischen Ordnung" und die Welt der Freiheit. In der Freiheit kann man sich natürlich auch verlieren, in dem man Dinge tut, die einen letztlich abhängig, süchtig machen und die uns vom Wahren und Guten entfernen. Das ist der Preis der Freiheit, wenn man auf diesem Wege erwachsen werden will.

Kindern muss man Regeln und Verhaltensweisen mit auf den Weg geben, damit sie sich nicht verletzen. Jugendliche begehren dagegen auf, wollen selbst herausfinden, was für sie passt. Meist ist dies das Gegenteil von dem, was die Eltern mitgegeben haben. Wenn man aber erwachsen sein will, muss man sich in Freiheit entschließen können, Verantwortung für sich und die Welt zu übernehmen. Freiheit ohne Verantwortung landet meist in einem Egoismus.

Dies bedingt die Frage nach der Wahrheit und nach dem Guten.

Nur im Ausleben persönlicher Gelüste, Genüsse und Wünsche, wie sie oftmals die westliche Welt propagiert, wird keine persönliche Reife erwachsen können. Dieses Problem betrifft vor allem den Westen, der jedoch seinen „Way of Live" in die übrige Welt exportieren will, schon allein aus wirtschaftlichen Gründen. Die Gier nach Genuss und persönlicher Eitelkeit muss den Menschen beziehungsweise der Kultur des Ostens eher fremd sein, weil man dort den Sinn und das Glück des Menschen in übersinnlichen, paradiesischen Bereichen sieht und nicht so sehr in der irdischen Welt.

So stoßen heute kulturelle Werte aufeinander, die einerseits stark von einer östlichen, weltfernen Ideologie geprägt sind und auf der anderen Seite von einer westlichen Pragmatik, die im und aus dem Irdischen alles Dasein rechtfertigen will und daher in dieser Erdenwelt alles rausholen will, was es da an sinnlichen und materiellen Schätzen und Möglichkeiten zu erringen gibt.

Der Westen ist ichhaft geistlos geworden, der Osten hat noch Reste von Geist; der wird aber dem Persönlichen übergestülpt, das heißt, das Persönliche, der Einzelne hat nicht zu entscheiden, was für ihn gut und wahr sein kann. Aus diesen Polaritäten kann sich schlussendlich eine Synthese herausbilden, daher die vielfältige Begegnung, das Aufeinandertreffen und -prallen, wie dies in unseren Tagen vermehrt geschieht.

Das freie Ich soll sich wieder dem Geist zuwenden. Eine ichhafte, in mir selbst gefundene moralische Welt kann die von Außen oder von „Oben" verordnete ablösen.

Die geistige Welt ist eine moralische Welt, doch auch diese ändert sich mit der Zeit, so dass bestimmte Moralkodexe aus früherer Zeit heute nicht mehr gelten. Früher war es zum Beispiel keine Schande, Sklaven zu halten oder auch den Frauen einen bestimmten Platz in der Gesellschaft zuzuweisen. Die Gleichberechtigung der Frau wurde im Westen erkämpft, sie muss in Zukunft allgemeingültig werden, da eine zeitgemäße menschliche Entwicklung auf das Ich, auf die Persönlichkeit aufbaut, also auf die individuelle Freiheit und wie wollte man der Frau ein Ich absprechen, das über sich selbst bestimmen, das sich und sein Leben selbst gestalten will. Diese Ich-Entwicklung ist aber nirgends so fortgeschritten wie in Mittel-Europa. Anderswo sind gruppenhafte Nationalismen, Familien- und Stammesverbände noch viel stärker.

Der Terror fängt aber da an, wo Gruppenverbände über das sich frei bestimmen wollende Menschen-Ich verfügen wollen.

Im sogenannten arabischen Frühling wurde dieser Konflikt sichtbar – die nach Freiheit strebenden Menschen und die alten Autoritäten beziehungsweise Macht-Eliten gerieten aneinander. Noch sind die alten Mächte stark, doch gegen eine sich fortsetzende und fortschreitende Ich-Entwicklung werden sie früher oder später machtlos sein, denn dies liegt im Zeitenschicksal vorgeschrieben. Der Weltenwille wirkt in die Menschheit hinein, damit der Einzelne immer mehr die Führung für sein Leben selbst in die Hand nimmt, sprich, dass er „erwachsen" wird. Die alten Kräfte wollen ihn dagegen klein halten, er soll nur ein Rädchen im Ganzen, im „Getriebe" sein, entweder als Mitglied eines Stammes, einer Religion, einer Familie oder Nation oder auch nur als billige Arbeitskraft, als Wirtschaftssklave oder Konsument, der kauft, was ein Moloch aus Konzern- und Finanzwesen dem Einzelnen vorgaukelt, wie er zu einem „freien Individuum" werden kann, wenn er in leiblich-seelischen Genüssen, Bequemlichkeiten und Eitelkeiten aufgeht.

Sicherlich, der Egoismus liegt auf dem Weg zu einem freien Individuum, da müssen wir durch. Aber wirkliche Freiheit ersteht erst, wenn sich der Einzelne wieder mit dem lebendigen Geist verbinden kann, der in ihm durch das Gewissen spricht, in den Idealen des Friedens, der Gerechtigkeit, der Freiheit, der Güte, der Barmherzigkeit und der Liebe.

Diese Qualitäten in sich erarbeiten und aneignen, bringt uns wieder in Einklang mit unserem göttlichen Quell. Bringen wir vermehrt diese Kräfte und letztlich die damit verbundenen geistigen Wesen in unsere irdische Welt hinein, so wird die Finsternis, der Hass, die Gewalt, die Einschüchterung, die Ausbeutung, die Versuchung und die Lüge weichen müssen. Dies ist unsere Hoffnung und dies sind auch die Mittel, also unsere selbst errungenen Tugenden und Weisheiten, mit denen wir die Welt heilen und gesunden dürfen.

Jeder findet diese Kräfte und Tugenden in sich selbst, wenn er sich entschließt, sich dafür zu öffnen, nach oben hin, zum Himmel hin offen zu sein und sich von negativen Seelenkräften lösen kann, die heute weltweit aus den untersinnlichen, dämonischen Sphären hereinbrechen, wenn er sich also selbst überwindet – hin zum Wahren, Schönen und Guten.

Vom Geist der Spaltung zum Geist der Liebe

Einen Ost-West Konflikt, zum Beispiel im kalten Krieg, kennt die Menschheit schon seit einiger Zeit. Er schien schon fast überwunden, nur neuerdings brach er wieder auf, wie in der Ukraine-Krise und im Syrien-Konflikt zu sehen ist.

Großmächte wollen ihren Einfluss ausdehnen oder nicht geschmälert wissen. So bleibt Europa weiter gespalten, zwar nicht mehr in der Mitte, sondern nun ist die Grenze mehr in den Osten gerückt.

Zudem erleben wir auf geistigem Gebiet eine Polarität, wo östliche Geistigkeit noch mehr eine Ausrichtung zum Spirituellen, zum Göttlichen hin aufweist, der Westen dagegen in der Naturwissenschaft und dem daraus hervorgehenden Materialismus auf technischem Gebiete große Fortschritte macht. Jedoch, auch da gibt es inzwischen Annäherungen: Yoga im Westen und moderne Technik im Osten. Meist zeigt sich der Osten in der Nachahmung und Ausbildung westlicher Technik- und Wirtschafts-Gebaren inzwischen sogar noch krasser als der Westen. Er hält dem Westen zumindest einen Spiegel vor, vielleicht auch, damit dieser seine Einseitigkeiten erkennen kann. Eine neuzeitliche westliche Spiritualität ist dann auch sehr stark von östlichen Elementen beeinflusst.

Meist wird dabei aber vergessen, dass auch der Westen, vor allem in Europa, eine eigene Spiritualität besitzt, die es sogar schaffen kann, dem Technikwahn und dem einseitigen Materialismus etwas entgegenzusetzen, das heißt, ihn so zu verstehen, dass sich daraus Wandlung und Transformation ergibt. Während östliche Geistigkeit oft im Rückzug aus weltlichen Dingen und Anhaftungen besteht, ist die westliche Geistigkeit bereit, auch in dunkle, untersinnliche Sphären, die durch Technik und eine materialistische Naturwissenschaft hervorgerufen werden, erkennend mit einzudringen, um erlösend und heilend auch für diese Kräfte, zum Beispiel durch lebensnahe Techniken und einem ganzheitlichen Menschenbild, einwirken zu können. Diese Geistigkeit ist heute vor allem in der anthroposophischen Bewegung ersichtlich.

Geistesgrößen, wie zum Beispiel ein Aristoteles, schafften in der Menschheits-Geschichte die philosophische Grundlage für ein Denken, das die Erde erkennen und begreifen will. Platon war mit seiner Philosophie noch eher in einer Ideenwelt, also in rein geistigen

Sphären verblieben. Das Christuswirken im Erdenleben des Jesus von Nazareth bereitete geistig gesehen den Weg in die untersinnlichen, höllischen Gefilde im Mysterium von Golgatha vor, so dass auch diese Sphären von seinem Geist durchdrungen werden können. Erst im neunten Jahrhundert, als die katholische Kirche in einem Dogma festhielt, dass das Menschenwesen nur noch aus Leib und Seele bestehen soll, also nicht mit einem menschlichen Geist ausgestattet ist, wurde in der weiteren Geistesgeschichte das Erstarken materialistischer Weltanschauungen ermöglicht, in denen der Mensch nur noch als beseeltes oder gar nur als biologisches Produkt gesehen wird, bis hin zu einem „Automaten", der nach Belieben programmiert und repariert werden kann

So besteht die große Gefahr, dass sich die Menschheit im Technisch-Untersinnlichen und damit in einer künstlichen Intelligenz und kalten Geistigkeit verliert, wenn sie sich nicht an den Geist wendet, der nach der sogenannten Höllenfahrt eine Auferstehung möglich machen konnte.

Der zweite Konflikt, der sich in unseren Tagen immer stärker bemerkbar macht, ist das Nord-Süd Gefälle beziehungsweise die Teilung in Arm und Reich. Gewiss gibt es auch noch andere Probleme, wie zum Beispiel das Thema Mann und Frau, was die Gleichberechtigungsfrage angeht, die auch etwas vom Verhältnis Geist und Materie offenbart, was hier aber nicht vertieft werden kann. Doch die Spaltung in reiche, zumeist nördliche Länder zu den armen Ländern des Südens, wird uns weltweit noch lange beschäftigen. Denn die Spaltung in Arm und Reich ist inzwischen auch in reichen Ländern angekommen. Die Mitte beziehungsweise die Menschen mit mittlerem Einkommen, die eine Gesellschaft hauptsächlich tragen, schrumpft immer mehr. Reiche werden oftmals von staatlicher Seite so begünstigt, dass die Kluft, die Schere immer weiter auseinander driftet. Unser Finanz-System und die Spekulation mit Geld, das die Reichen haben, macht sie immer reicher, ohne dass sie dafür eine soziale Leistung erbringen.

Ein amerikanischer Milliardär äußerte sogar einmal, dass der Krieg der Reichen, der Macht-Eliten, gegenüber den Armen, den Lohnsklaven und Abhängigen, dass dieser der eigentliche Krieg innerhalb der Menschheit ist, mit der Bemerkung: und wir haben ihn gewonnen. Die sechzig reichsten Menschen haben inzwischen so viel Vermögen wie die ärmere Hälfte der Weltbevölkerung. Darin äußert sich schließlich ein sozial-darwinistisches Gedankengut, das auch die kapitalistische Wirtschaft beherrscht, nämlich den Konkurrenz- und Wettbewerbsgedanken.

Wird das Spaltende und Unsoziale in diesem Darwinismus zwischen den Menschen und der Erde nicht erkannt und geändert, werden wir mehr und mehr die Folgen zu spüren bekommen, denn auch in der Natur spielt der Darwinismus: „der Stärkere und Klügere setzt sich durch", nicht die Hauptsache, sondern viel eher das ökologische Gleichgewicht, wo Symbiose und Ausgleich und dann erst der Kampf ums Dasein für eine weisheitsvolle Ordnung sorgen.

Ein solidarisches Handeln, eine faire Wirtschaft ist daher dringend angesagt, vor allem auch gegenüber den ärmeren Ländern, sonst werden die Flüchtlingsströme nur noch zunehmen, wie auch Naturkatastrophen, soziales Elend und Aufstände gegen die Ausbeuter und „Mächtigen".

Spaltungs-Tendenzen, Trennungen und Zerwürfnisse schafft der Geist der Finsternis und Lüge: Ahriman. Benannt nach einer gefallenen Gottheit in altpersischer Terminologie. Seine Inkarnation ist für dieses Jahrhundert angesagt. Sein Wirken ist heutzutage überall, fast übermächtig wahrzunehmen, zum Beispiel in der Elektronisierung und Digitalisierung sämtlicher Bereiche des Lebens, wodurch die geschützten Sphären des Persönlichen und Privaten durchlässig und beobachtbar werden, wie auch in der Ausbeutung und Vernichtung des Lebendigen, in Hass, Neid, Lüge und der Gier nach Geld und Macht. Der „Fenris-Wolf", bekannt aus der germanischen Mythologie, steigt aus den Tiefen der unterirdischen Erde, aus den feinstofflichen Sphären der inneren Erde empor, um die Menschheit an die untersinnlichen Reiche der Elektrizität, der Atomkraft und des Magnetismus zu fesseln. Todeskräfte nehmen dadurch zu.

Apokalyptisch wird dies ausgedrückt im Bild des Reiters auf dem fahlen Pferd, also im vierten Siegel. Das Denken der Menschen wird automatenhaft. Die „Maschine" übernimmt vermehrt die Tätigkeit des freien Denkens, das sich noch vom Göttlichen inspirieren ließ, zumindest in früheren Zeiten der Menschheitsentwicklung. Ein seelenloser Intellekt breitet sich aus, der nur nach Nützlichkeit, Profit und kalter Berechnung agiert.

Diese ahrimanische Macht macht sich jedoch nicht nur in der Welt draußen bemerkbar, denn sie ist naturhaft mit unserer Leiblichkeit und da vor allem mit den elektromagnetischen Energien unserer

Organe und den physiologischen Prozessen daraus verbunden. Da brauchen wir sie, da erfüllt dieser ahrimanische Doppelgänger seine Aufgabe, wie überhaupt in den physikalischen Prozessen des Irdischen. Wenn diese Kräfte aber zu stark in das Denk- und Seelenleben eingreifen, verhärtet dieses, wird kalt und Leben vernichtend.

In der Apokalypse lautet das Öffnen des vierten Siegels: „Siehe ein fahles Pferd und der Name des Reiters hieß: der Tod und das Reich des Toten ist sein Gefolge. Ihnen ist Vollmacht gegeben über ein Viertel der Erde, sie dürfen töten mit dem Schwert, durch Hunger und Tod und durch die Tiere der Erde.“

Wie viele Kriege um Macht, Einfluss und Besitz werden geführt, wie auch gegen die Natur. Wie leicht könnte der Hunger gestillt werden, wenn wir bereit wären zu helfen und zu teilen, anstatt weiter Kriege und Ausbeutungen zu forcieren.

In der Sternenschrift zeigen sich die heutigen Konflikte vor allem in den Konstellationen von Pluto im Steinbock (seit 2008 - Finanzkrise) und Uranus im Widder (seit 2011), die längere Zeit ein Quadrat zueinander bildeten. Uranus will Erneuerung, im Widder durch Aufstand und Kampf, wie dies im sogenannten arabischen Frühling zu sehen war. Pluto manipuliert die Massen, im Steinbock geht es um Strukturen, Autoritäten, also um alte Machtverhältnisse, die dadurch noch sehr stark sind. Der Trend zu totalitären Herrschafts-Systemen ist leider ungebrochen.

Saturn, der Richter und der Hüter der Schwelle durchläuft noch bis ins Jahr 2018 das Zeichen Schütze. Skandale im Bereich des Sports werden aufgedeckt und gerichtet. Die Frage nach dem gesellschaftlichen Leitbild und nach Werten (Schütze) ist in dieser Zeit dringend geworden. Ab 2018 bis 2021 durchläuft Saturn ebenfalls das Zeichen Steinbock, wo es Anfang 2020 zu einer Konjunktion mit Pluto kommt. Auch andere Planeten, Merkur und selbst die Sonne, bilden in dieser Zeit eine gemeinsame Konjunktion. Diese Konstellation kann als eine große und schwere Prüfung in dieser Zeitenwende verstanden werden. Der Begrenzer (Saturn) und der Zerstörer, Transformator (Pluto) kommen zusammen. Die Schwelle zur Unterwelt öffnet sich beziehungsweise es kann die Unterwelt verstärkt heraufwirken. Der Kampf um die Herrschaft der Erde wird sich noch verstärken und ausweiten.

Eine ähnliche Konstellation gab es 1932/33 mit Uranus im Widder, Saturn im Steinbock, Pluto aber im Krebs, dem Zeichen für das Volk, in Opposition zum Saturn, wo dann also das Volk manipuliert und getäuscht wurde. Heute geht es eher um die Machthaber und Machtstrukturen, die gewandelt und befreit werden sollen.

Eine apokalyptische Entscheidung steht an: der Sturz in die Unterwelt, die Inkarnation Ahrimans liegt vor uns. Entweder wir lassen uns von ihm und seinen technisch-bürokratischen Systemen aus Geld, Macht, Lüge und Gier fesseln oder wir sehen darin die Prüfung, den Durchgang, die Schwelle in die übersinnliche Welt, denn wo die Finsternis groß ist, ist auch das Licht nicht weit.

Eine innere Schulung, vor allem durch das meditative Gebet, kann eine Gegenkraft aufbauen. Das fünfte Siegel spricht von einem Altar, an dem sich die Seelen der Toten helfend einstellen werden. Die Sphäre der Toten zeigt die erste Ebene der jenseitig-geistigen Welt. Die verstorbenen Seelen können in dieser Zeit uns Menschen ganz besonders helfen, in dem sie uns mit Impulsen und Ideen inspirieren, damit den Abgrundkräften etwas Neues, neue Lebensmodelle und heilende Impulse für die Erde und das soziale Leben, also etwas Positives entgegengesetzt werden kann.

In der germanischen Mythologie ist es Widar, der den Fenriswolf stoppen kann und zwar mit den Willens-Impulsen der Verstorbenen, die diese als Märtyrer nicht verwirklichen konnten. Jeder gute Wille, der im Irdischen nicht angewendet werden kann, aus welchen Gründen auch immer, geht nicht verloren. Er wird gesammelt und für die Zukunft aufbewahrt, wo er zur rechten Zeit zum Wirken kommen kann. Diese Willenskräfte sind quasi die „Reste", aus denen Widar seine Stiefel fertigt, mit denen er im Bilde aus der Edda den Rachen des Fenriswolfes versperrt.

Unser Denken soll sich den spirituellen Welten zuwenden. Die Verbindung mit der Christus-Kraft hilft, denn Christus geht durch Tod und Höllenfahrt bis zur Auferstehung. Ja, unser Intellekt, unser einseitig materialistisch ausgerichtetes Denken muss sterben, damit es vom Geist befruchtet auferstehen kann. Innerlich leer werden von allzu irdischen Sorgen, Vorstellungen und Bedrängnissen, achtsam sein, wach und ausgerichtet auf die guten Kräfte des Geistes, eine meditative Haltung gewinnen, darauf kommt es vermehrt an, damit ein Innen-Seelenraum geschaffen wird für neue Ideen und Inspirationen aus der geistigen Welt. Viele Menschen müssen in sich selbst den Weg zum guten, neuen Geist beschreiten, dann können in der Folge auch die alten Machtverhältnisse überwunden, geopfert oder auch zerstört werden, bevor das Neue, auch im Gesellschaftlichen, erscheinen kann.

Alte Traditionen tragen heute schon nicht mehr richtig, wenn sie nicht mit dem neuen Geist, dem Geist des universell Menschlichen verbunden werden. Doch meistens klammern sich die Menschen erst recht an das Alte, an Nationalismen und überholte Traditionen, wenn sie eigentlich zu neuen Ufern aufbrechen sollten. An diesem Neuen führt kein Weg vorbei, wenn wir nicht im Abgrund, in der Verhärtung und im Stillstand zugrunde gehen wollen. So hat diese Krisenzeit auch ihren tieferen Sinn.

Das Erleben des Abgrundes kann als Schicksalskrise, als schwere Krankheit, als Katastrophe, als Seelentod (Depression und Burn out) oder auf dem Schulungsweg als Erleben der Todeskräfte im Leiblichen erfahren werden. Die ahrimanischen Kräfte versuchen dabei, das Seelische so an das Leibliche, an die Leiden, Gebrechen und Schmerzen zu binden, damit kein Aufblick mehr zum Geistigen möglich wird. Jedoch, alles Irdische, auch das Leibliche, muss losgelassen werden, der mystische Tod, das Erleben und Durchschreiten des Nichts, des absoluten Endes, eine vollkommene Ohnmacht und Kapitulation ist Vorbedingung dafür, dass eine Neugeburt, eine geistige Wiedergeburt sich ereignen kann.

Im gesellschaftlichen Leben kann die Dreigliederung des sozialen Organismus eine Gesundung und ein Neu-Erstehen bewirken, wenn die Ideale der französischen Revolution: Freiheit, Gleichheit, Brüderlichkeit, sich in den richtigen Bereich einleben und sich darin artikulieren. Freiheit im Kultur- und Geistesleben, Gleichheit im Staats- und Rechtsleben, Brüderlichkeit beziehungsweise solidarisches Handeln im Wirtschaftsleben. Darin liegen gesundende Impulse, die wahrscheinlich ab den Jahren 2023/24, wenn Pluto in das Tierkreiszeichen Wassermann tritt, allmählich umgesetzt werden können. Dann jährt sich auch der Weihnachtstagungs-Impuls zum hundertsten mal. Darin wurde 1923/24 erstmalig in der neueren Menschheit von Rudolf Steiner ein Ansatz geschaffen, wie geistige Prinzipien und Impulse bis in gesellschaftliche Ordnungen und Institutionen einwirken können, damit Geistiges und Irdisches eine Einheit, einen Zusammenklang erfahren.

Ein neuer geistiger Impuls kann wiedergeboren werden. Denn auch dieser Weihnachtstagungs-Impuls musste sterben, wie ein Same in die Erde hinein stirbt, um in einer neuen Zeit als Keimling daraus hervorgehen zu können. Aber zuvor muss der Abgrund bewältigt beziehungsweise durchschritten worden sein; der steht uns noch bevor, das zeigen die Zeichen der Zeit sehr deutlich.

Christus verbindet, was trennt – bis hin zur Feindesliebe, die nichts und niemanden mehr ausschließen will. Sein Weg ist der, dass wir eine höhere Ebene zu den Polaritäten finden: eine Synthese und Steigerung.

Das Kreuz der Erde, auf das die Menschheit gespannt ist, also der Ost-West und Nord-Süd Konflikt, dieses irdische Kreuz soll zum Himmel aufgerichtet sein, so wie dies auf Golgatha urbildlich geschah. Die Himmelsrichtungen sind dabei nicht nur geographisch zu sehen, auch im Menschen und in Gesellschaften treten Polaritäten auf.

Polaritäten zeigen immer zwei Extreme und eine Mitte. Extreme gehen in die Einseitigkeit hinein: links oder rechts, gesund oder krank, richtig oder falsch, gut oder böse, Abbau oder Aufbau, Verhärtung oder Auflösung, Arm oder Reich und so weiter. Daraus entsteht oftmals Streit und Zwist. Die Mitte erst kann einen Ausgleich schaffen, wenn sie sich selbst erhöht, steigert und erweitert, so, dass sie damit die Extreme umhüllen und aufnehmen kann.

Im Gesellschaftlichen erleben wir heute einen immer stärkeren Verlust der Mitte. Die sozialen Extreme nehmen dagegen zu. Auch im Menschen ist die Mitte, das Herz, sind die empathischen und liebevollen Eigenschaften und Fähigkeiten in Gefahr. Und weltweit gesehen soll Europa die Mitte und damit die Vermittlung bilden zwischen den Großmächten USA und Russland.

Die Mitte, die ausgleichen und annehmen will, sie bildet dadurch ein ganz neues Element, eine neue Fähigkeit heran. Die verbindende Kraft im Welten-All, das ist die sonnenhafte Liebe. Ein mitfühlendes Verständnis und ein echtes Interesse füreinander sind Grundbedingungen für eine ichhaft gewollte Liebe. So soll und kann von Europa aus viel Verständnis und Liebe und damit eine große Hilfe in die Welt getragen werden – auch zu den Extremen hin. Einseitige Schuldzuweisungen verhärten nur noch mehr, wie heute gut in der Auseinandersetzung mit Russland zu sehen ist.

Gewiss gehört auch viel Weisheit und ein Erkennen der Zeitlage dazu, damit die Liebe nicht ausgenutzt und am richtigen Ort zum Wirken kommen kann.

Wir brauchen in einem gesellschaftlichen Organismus natürlich alle

Kräfte, auch die extremen; sie zu verdammen und auszuschließen bringt nichts, sonst fehlt dem Ganzen viel Kraft und Energie. Sie müssen von der Mitte angenommen, verstanden und integriert werden, denn manche Ansichten sind durchaus Wert zu diskutieren, wenn sie auch nicht immer praktikabel sind. Im Sozialen muss man auf das Tempo und das Vermögen der Langsamen Rücksicht nehmen, aber auch auf die Geschwindigkeit der Schnellen und Eliten, sonst entstehen Spaltungen und Dissonanzen. Dies ist eine soziale Kunst, so wie überhaupt die Kunst es ist, die Polaritäten in eine Begegnung und in einen Ausgleich bringen und damit etwas Neues schaffen kann.

Ost und West: das ist vor allem ein geistiges Problem. Eine neue Geistigkeit, eine neue Christlichkeit, umfasst in liebevoller Weise die weltflüchtigen Tendenzen ebenso wie die erdsüchtigen, weil sie den Geist im Irdischen, wie im Untersinnlichen und Übersinnlichen sucht, findet und anerkennt. Politische Differenzen resultieren meist aus einem geistigen beziehungsweise einem moralischen Zwist. Findet Ost und West geistig zusammen, wird sich auch das Politische lösen lassen. Dies betrifft heute vor allem die Auseinandersetzung mit dem Islam, mit spirituell-esoterischen Bewegungen und Religionen, wie auch mit den christlichen Kirchen in Ost und West.

Nord und Süd: das ist mehr ein wirtschaftliches Problem. Eine brüderliche, solidarische und faire Wirtschaft vermag es, die Ungleichheiten zwischen einzelnen Ländern, wie auch zwischen sozialen Schichten aufzulösen. Dies kann aber nur geschehen, wenn sich die Mitte in sich selbst findet, wenn die sogenannte Mittelschicht sich nicht nur für die eigenen Belange, den eigenen Wohlstand interessiert, sondern sich für das Wohl des Ganzen einzusetzen beginnt.

In der Mitte der Gesellschaft, aber auch im Menschheitskreuz aus dem Nord-Süd und Ost-West Konflikt, soll sich ein Rechtssystem ausbilden, das die Menschenrechte für alle Menschen gleichermaßen anerkennt und garantiert. Dazu braucht es ganz neue Gremien und Institutionen, wie zum Beispiel eine erweiterte und verbesserte UNO oder Völkerrechts-Institute, die menschheitliche Impulse und humane Rechte gestalten und damit internationale Spannungen und Differenzen lösen können. In den gesamtmenschheitlichen Impulsen, die von einem Recht für den Einzelnen, also von den Menschenrechten getragen werden, können nationalistische Tendenzen und

Einseitigkeiten ausgeglichen und überwunden werden, denn damit werden alle Überhöhungen oder Minderwertigkeiten bis hin zu unwertigem Leben, also alle Einseitigkeiten gebunden.

Die Würde des Menschen achten, bedeutet schließlich auch, den geistigen Menschen sehen zu lernen, die ewige Entelechie, nicht nur den „physischen" Menschen nach Abstammung, Geschlecht, Besitz und Persönlichkeit. Die Liebe ist dafür die einigende Kraft. Im geistigen Menschen, in dessen geistigem Kern, ist der Grund für die Menschenwürde gegeben.

In dieser Mitte, in diesem Kern in mir, kommen die Polaritäten und Gliederungen im Menschen, kommen Leib, Seele und Geist, wie allmählich schließlich auch im Gesellschaftlichen, also im Geistesleben, im Rechtsleben und im Wirtschaftsleben zusammen, denn wenn ich den geistigen Menschen in mir sehe, werde ich ihn auch im Anderen anerkennen. Der geistige Mensch trägt den Frieden, die Liebe, die Weisheit und die Güte in sich. Damit können wir die Welt heilen und verwandeln, auch das Böse, das auf den zum Geist erwachten Menschen warten muss, damit auch dieses dereinst erlöst werden kann.

Finden wir folglich unsere Mitte, so dass sie mit den geistigen Gründen des Seins in Übereinstimmung kommen kann, in innerseelischen Erweiterungen, wie auch in gesellschaftlichen Strukturen, die nach geistigen Prinzipien aufgebaut sind, so werden wir alles Leben wandeln, befruchten und gesunden können.

Das Böse, es schafft letztlich immer auch das Gute, so wie dies Mephisto im „Faust" ausspricht. Es zwingt uns nämlich, das wirklich Gute sehen und anwenden zu lernen. Würden wir nur dem Bösen uns hingeben, müssten wir mit der Zeit alle zugrunde gehen. Am Geist der Spaltung werden wir so lange leiden, bis wir den Geist der Liebe gefunden haben. Mit der Liebe schaffen wir an einem neuen Kosmos, denn sie ist die Schöpferkraft selbst. Üben wir die Liebe, die sinnliche, die seelische und die geistige, so ergießen sich Schöpferkräfte, Ursprungs- und Entstehungskräfte in die Welt hinein.

Am Abgrund der Angst

„Im Anfang war das Wort – und das Wort war bei Gott - und ein Gott war das Wort.
Und nichts ist entstanden außer durch das Wort.
In ihm war das Leben, und das Leben war das Licht der Menschen.
Und das Licht scheint in die Finsternis – doch die Finsternis hat es nicht begriffen ...“
Aus Angst? Angst vor dem Neuen, Angst vor dem Fremden, Angst vor den Höhen, Angst vor der Wahrheit, Angst vor zu viel Licht?
Das Wort Angst kommt von Enge, einer Begrenzung. Sie hindert uns an der freien Entfaltung, an einem freien und offenen Leben.
„Und das Wort ward Fleisch geworden und hat unter uns gewohnt - und wir sahen seine Herrlichkeit.
Die Herrlichkeit des eingeborenen Sohnes vom Vater –
voller Gnade und Wahrheit ...“
Heutzutage wird das Wort oftmals in den Schmutz gezogen; vor allem in den „sozialen“ Medien des Internets sind Beleidigungen, Hass-Attacken und Respektlosigkeiten gegenwärtig. Dies zumeist aus den extremen Ecken des rechten und linken Spektrums innerhalb der Gesellschaft, doch auch die gesellschaftliche Mitte selbst, also die „normalen, braven“ Bürger, bleiben davon auch nicht mehr verschont. Wut und Hass dominieren – aber warum? Geht es uns zu gut?
Sicherlich spielt oftmals das Gefühl der sozialen Ausgrenzung eine Rolle. Man sucht für die eigenen Verlust- und Versagens-Ängste die Schuld bei Anderen – in der Politik, bei Juden, Ausländern, Moslems, Flüchtlingen und so weiter. Die Anderen sollen verantwortlich gemacht werden für das eigene „schlechte“ Schicksal. Sicherlich schafft die kapitalistische Finanzwirtschaft viele kollektive soziale Spannungen und Ungleichgewichte in der Welt. Doch es bleibt bei allen äußeren Voraussetzungen und Möglichkeiten immer auch die eigene Verantwortlichkeit für mich und mein Leben. Wo habe ich mich selber in schlechte Positionen gebracht, durch mein Gefühl der Minderwertigkeit und meiner Angst vor der „Welt“? Die Welt, sie spiegelt letztlich immer auch mein Inneres, zumindest das, was aus der Vergangenheit mein jetziges Sein bestimmt.
Woher überhaupt kommen Ängste?

Das Unbekannte, das Undefinierbare, das Dunkle, die Zukunft kann Angst machen – solange wir sie nicht kennen. Auch das Fremde, die Fremden. Eine Hilfe bietet daher die Begegnung mit der Angst, mit dem Unbekannten und Angst-Machenden – langsam, aber stetig wachsend. Wir dürfen daran Mut und Vertrauen entwickeln, Vertrauen, nicht in die Finsternis, nicht in das Unbekannte, Geheimnisvolle, sondern in das Licht, das die Finsternis erleuchten will.

Im Licht, darin lebt die Wahrheit beziehungsweise es offenbart die Wahrheit, denn das Licht macht sichtbar, was sonst im Verborgenen ein Schattendasein fristet und unterschwellig rumort, oftmals aber auch als Affekt, als Unzufriedenheit oder als Aggression in das Seelenleben aufsteigen und eindringen kann.

Vor der Wahrheit hat man meistens am meisten Angst, denn sie deckt die eigenen Unzulänglichkeiten auf. Lieber sucht man die Fehler bei Anderen, bei vermeintlich Schwächeren. Die eigene Finsternis will das Licht nicht ergreifen, nicht begreifen, bis dahin, dass sie vor dem Licht flieht oder es bekämpfen will.

Es wäre so einfach, wenn wir unsere eigene Dunkelheit, unsere seelische Angst überwinden, übergeben könnten - dem Licht der Gnade und Wahrheit, das uns befreien kann, so wie dies im Prolog des Johannes-Evangeliums ausgedrückt ist.

Sicherlich wird das meistens nicht mit einem „Schritt" passieren. Vertrauen wächst langsam und Erkenntnis ist bekanntlich Stückwerk. Das Licht der Welt, die Christus-Kraft, sie will nicht überrumpeln, sie will beleuchten und erleuchten.

Doch die Wahrheit tut manchmal auch weh. Oftmals bleibt man deshalb lieber in unguten, aber bekannten Lebenslagen stecken, weil die Schritte in eine ungewisse Zukunft ohne Vertrauen und ohne eine positive Lebenseinstellung nicht zu bewältigen sind.

Woher soll man diese positiven Lebenskräfte nehmen, wenn einem das Schicksal aus Erziehung, sozialem Status und Umfeld bisher gerade nicht besonders förderlich entgegenkam? Auch wenn man dadurch oftmals nur noch eine innere Leere oder einen Frust verspürt?

So wird man viel leichter von Mächten und Gewalten vereinnahmt und verführt, die nur zerstören, kaputt machen wollen, weil die eigene Unzufriedenheit, der negative Pol der Seele keinen anderen Ausweg mehr findet.

Doch Zerstörung, auch Selbstzerstörung, wie es manche Terroristen als vermeintlich guten Weg erwählen, ist eine Ausgeburt des Negativen, des Nekrophilen und Lebensfeindlichen und somit des Dunklen und Bösen. Da herauszukommen ist nicht leicht, denn die Kräfte und Mächte, die solches Gebaren antreiben, lassen nicht mehr so leicht los. Allein das Licht, die Wahrheit und das Schätzen, Hüten und Lieben des Lebens und damit aller Lebewesen kann vor solchen Abgründen bewahren.

Im Wort ist Leben. Ergründen wir das Leben im Wort, gestalten wir unsere Sprache, unser Wort, in dem wir es lebens- und liebevoll gebrauchen, so werden wir mit Licht und Weisheit beschenkt.

Allein schon, wenn wir dem Sprach-Genius folgen lernen, wachsen wir über persönliche Einstellungen und Befindlichkeiten hinaus. Denn das Wort, die Sprache verbindet uns Menschen miteinander. Ohne das Wort müssten wir als Einzelwesen verkümmern.

Im Wort ist Geist, wirkender Geist. Somit sollten war darauf achten, welche Worte wir aussprechen, denn dadurch verbinden wir uns mit dem entsprechenden Geist. Worte der Liebe, des Verständnisses, der Achtung, des Wohlwollens, der Freundlichkeit, der Höflichkeit und der liebe-getragenen Erkenntnis verbinden, auch mit den Menschen, die nicht so sind wie wir. Worte der Verachtung, der Herabsetzung, des Streites, der Verunglimpfung und Beleidigung, sie trennen und schaffen Feinde.

Ein neues Leben für das alte wird nur erstehen, wenn wir in uns selbst aufräumen. Radikale Ansichten wollen dagegen mehr im Äußeren „aufräumen", Ordnung schaffen, bemerken dabei meistens nicht die innere Unordnung, das innere Chaos, die innere Verrohung und Destruktivität.

Welche Worte wir benutzen, da sind wir vollkommen frei, das können wir selbst bestimmen. Natürlich müssen dazu Gewohnheiten verändert werden. Eine wache Ich-Präsenz ist vonnöten, um bemerken zu können, wo und wann sich wieder alte Sprach- und Denkgewohnheiten eingeschlichen haben, die das neue, das gesunde und positive Leben vereiteln.

Leichter ist natürlich alles gesagt als getan. Doch wir können Hilfe bekommen. Der Geist der Wahrheit, er rüttelt und zeigt auf, so dass wir mit manchen Äußerungen und Taten vor uns selbst erschrecken, weil da manchmal Kräfte hochkommen können, die wir selbst nicht für möglich gehalten haben. Jedoch, er ist auch der Geist der Gnade. Wir brauchen daher nicht mit Schuldgefühlen umherlaufen, uns also selbst erniedrigen, weil wir bisher vieles falsch gemacht oder nicht viel hinbekommen haben. Wir dürfen unsere Fehler und Gebrechen der göttlichen Gnade übergeben, sollen aber auch bereit sein, Wiedergutmachung zu tätigen, wo dies möglich ist.

Nicht die Schuld leugnen oder verdrängen – auch nicht im Politischen oder Wirtschaftlichen, wo heute durch unseren Kapitalismus eine kollektive Schuld entsteht, wenn zum Beispiel arme Länder und Menschen ausgebeutet werden. Dafür müssen wir gerade stehen, wenn nicht heute, so doch in zukünftiger Zeit, wenn die Wirkungen unserer selbstgeschaffenen Ursachen zutage treten. Davor hat man natürlich meistens Angst. Man will gerne besser sein, als man ist. Man bereut eher die vergangenen Taten und läuft lieber mit Schuldgefühlen herum, als dass man Verantwortung übernimmt für das eigene Tun und Lassen.

Die Angst vor Strafen mündet oftmals ein in Verleugnung, Vertuschung und Flucht. Bei Kindern ist das noch gut zu sehen. Als Erwachsener sollte man jedoch zu seinen Unvollkommenheiten, Fehlern und Gebrechen stehen können. Sie annehmen, denn erst dann können sie verwandelt werden und zwar, in dem wir uns selbst verzeihen, vergeben lernen; so wie wir auch dem Anderen, der uns Böses will, also unseren Schuldigern vergeben müssen, wenn wir selbst auch vom Welten-Schicksal, von der göttlich-geistigen Welt Vergebung wünschen.

„Und das Wort ward Fleisch geworden und hat unter uns gewohnt ...“

Darin liegt die größte Vergebung, die größte Gnade, die der Menschheit zuteil geworden ist. Gott ist Mensch geworden und hat unter uns gewohnt. Er hat das Menschsein angenommen, auch die Abgründe und Unvollkommenheiten, die im Menschen sich auftun. Damit ist das Licht und Leben Gottes auch in jedem Menschen zumindest als Keim innewohnend vorhanden. Dies ist unsere Hoffnung. Auch wenn wir noch so tief gefallen sind, diese Hoffnungskraft wird nie erlöschen.

Glaube, Hoffnung, Liebe: diese drei Grundkräfte in der Menschenseele vermögen es, diesen Lichtkeim zu erwecken, ihn zum Wachsen zu bringen, damit er unsere Seele erhellen und befruchten kann – mit dem Wort, das dem Göttlichen entspringt, mit einer Sprache, die das Menschliche fördert und mit dem Licht, das uns im Leben führt und erleuchtet.

„Ich bin das Licht der Welt, wer mir folgt wird nicht im Finstern wandeln".

Dies gilt für uns alle, nicht nur für die extremen Seiten, die dem Finsteren noch viel stärker ausgesetzt sind. Daher brauchen diese ganz besonders unser Mitgefühl und unsere Liebe, damit sie auch etwas abbekommen vom Licht der Welt, das für uns alle, der Sonne gleich, scheinen will.

Gerade wenn man unter Angstzuständen oder Minderwertigkeitsgefühlen leidet, ist es wichtig, sich diesen zu stellen. Ein Verdrängen und Nichtwahrhabenwollen beziehungsweise ein Nichtverstehenwollen führt nur dazu, dass sich Ängste und andere seelische Komplexe im Unterbewusstsein weiter vermehren und sich zu gegebener Zeit verstärkt in das Seelenleben einschleichen. So gilt es immer, seine Gebrechen, seine Leiden, seine Schuld und sein Schicksal zu bejahen. Eine Schicksalsergebenheit ist notwendig, nicht ein Hadern und Ablehnen, denn sonst kann es nicht verwandelt werden - hin zu etwas Besserem und Gesünderem. Die Annahme unseres Menschseins mit allen Gebrechen und Unvollkommenheiten ist die Vorbedingung für eine Wandlung und Heilung.

Im christlichen Kultus sind die Schritte vorgegeben, die zu durchlaufen sind, um ein neues Sein aus dem alten hervorgehen zu lassen.

1. Die Verkündigung: Die Anamnese, die Diagnose. Dies kann sehr schmerzhaft sein, wenn wir mit unseren Mängeln und Krankheiten konfrontiert werden. Die Seele wird erschüttert, sie wird aus ihren „sicheren" Bahnen geworfen.

2. Die Opferung: Haben wir die Ursachen für unsere Mißstände erkannt, müssen wir sie loslassen können. Ohne Verzicht bleiben wir an Altes verhaftet. Dies betrifft unsere gewohnten, unguten Lebenseinstellungen bis hin zu Süchten. Die Bereitschaft, Ängste überwinden zu wollen, ist notwendig, damit wir auf vermeintliche Sicherheiten verzichten können.

3. Die Wandlung: Wohin soll es gehen, wo ist das Neue, das eine bessere Variante des Lebens ermöglicht? Nur die Krankheit, beispielsweise die Angst weghaben zu wollen, genügt noch nicht. Wir müssen uns mit gesunden Kräften verbinden, damit das Krankmachende überwunden werden kann. Angst – Mut, Vertrauen; Depression – inneres Licht

und Zuversicht; Anhaftung, Sucht – Selbstbewusstsein und innere Stärke. Es gilt, einen Weg zu beschreiten, auf dem wir neue, positive Kräfte erlangen können.

4. Die Kommunion: Unserem Bemühen kommt immer auch etwas entgegen. Geistige Kräfte und Wesen wollen dem Menschen beistehen, seelische Tugenden sollen ihn erfüllen. Eine neue Welt will daraus erstehen, im Menschen, mit neuen Lebensimpulsen und neuen Möglichkeiten. Darauf dürfen wir uns freuen und dafür dankbar sein.

Flucht und Heimkehr

Millionen Menschen sind weltweit auf der Flucht. Viel Elend und Not, Krieg und Hunger zwingen sie, ihre Heimat zu verlassen. Vermeintliche Sicherheiten scheint es immer weniger zu geben, auch nicht mehr in Staaten, die durch Wohlstand und stabile politische Systeme eigentlich Ruhepole sein könnten. Doch man weiß auch dort nicht, ob eine nächste Geld- und Wirtschaftsblase platzt, wann das Finanzsystem kollabiert, der Kapitalismus zusammenbricht oder Naturkatastrophen, wie Überschwemmungen, Erdbeben, Orkane oder Waldbrände, sowie soziale Schieflagen die Existenzgrundlagen vernichten. Atomkraftwerke sind ein zusätzliches Risiko, wie in Fukushima und Tschernobyl zu sehen war, wo von heute auf morgen alle Sicherheiten und Lebensgrundlagen vernichtet worden sind. Dann bleibt nur noch die Flucht – aber wohin?

Durch Dürre und der Ausbreitung von Wüsten geht viel Land verloren. Sogenannte Armuts- und Wirtschaftsflüchtlinge, meist durch hohe Arbeitslosigkeit, korrupte politische Systeme und wirtschaftliche Ausbeutung verursacht, will kein anderes Land gerne aufnehmen. Gerade politisch korrupte und despotische Systeme bewegen die Menschen, nach einem Land zu suchen, in dem Freiheit und Wohlstand gegeben ist. Innerhalb mancher Staaten und Regionen gibt es zudem große Wanderbewegungen vom Land in die Mega-Städte, in denen sich Slums gebildet haben, die Elend, Krankheit und Not verbreiten, ein menschenwürdiges Leben jedoch nicht möglich machen. Städte sind überfüllt beziehungsweise es ist das Bevölkerungswachstum ein großes Problem, alle Menschen mit einem gewissen Lebensstandard ausstatten zu können. Noch nehmen viele arme Menschen ihr Schicksal in fatalistischer Weise noch so hin, doch wenn die Milliarden Armen sich auf den Weg in die „gelobten Länder" aufmachen würden, kann auch dort nur Unheil und Chaos die Folge sein.

Durch die Globalisierung wird die Welt offener, Grenzen verschwimmen. Jeder möchte natürlich ein „besseres" Leben. Auch in den reichen Ländern gibt es viele, die noch unzufrieden sind und am liebsten auswandern wollen. Wenn man genügend Geld hat, sind die Chancen gegeben, einen Platz zu finden, den man sich erträumt.

Die vielen Mittellosen haben meistens keine Wahl, für sie ist die

Welt verschlossen, zumindest was die fernen Länder betrifft. Die Freiheit, sich eine Welt zu wünschen, die Träume wahr werden lassen, hat jedoch ihren Preis. Städte oder Gegenden, in denen das „Paradies" noch winkt und lockt, in denen meist aber nur spitzfindige Unternehmer und Immobilienhaie Spaß, Vergnügen und den Rausch nach Sinneslust, nach Amüsement und Glück vorgaukeln, zeigen mit der Zeit viele Schattenseiten – Verschmutzung, Ausbeutung, Sucht, Krankheit, Elend, Kriminalität und Gewalt. Eine Maxime solcher „Glücksritter" lautet ja: „Tut, was ihr wollt".

Doch nach dem Gesetz der Polarität, das in allem Irdischen herrscht, bedingt ein allzu freies Leben mit der Zeit die Zunahme von Regeln, Verordnungen und Gesetzen. Gerade auch in unserem freiheitlichen, demokratischen Land werden von Jahr zu Jahr immer mehr Vorschriften erlassen, die den Alltag ordnen und reglementieren sollen, meist auf Kosten der individuellen Freiheit und Selbstbestimmung. Ist dies der Preis der Freiheit?

Zu viel Ordnung und Zwang engt und beschränkt, viele suchen daher eine Ausflucht im schönen Schein, in Träumen und Illusionen, in Urlaubsreisen zu Plätzen, die noch wenig verdorben sind oder in Süchte und Ablenkungen, die uns eine bessere Welt vorgaukeln. Doch was „Hinten" rauskommt, ist meist doch nur Elend, Verdorbenheit und Enttäuschung. Im Spruch: „Wer das Paradies auf Erden will, schafft die Hölle" steckt viel Wahrheit. Die Flucht in eine „bessere Welt" wird oftmals scheitern, da wir unsere „Päckchen", unser mitgebrachtes Schicksal, unsere Charakter- und biologischen Anlagen mitnehmen.

So können in den heutigen Flüchtlingsbewegungen unterschiedliche Schicksale beobachtet und gesehen werden. Die einen können sich an Fremdes anpassen und gestalten ihr Leben erfolgreich, wie meist zuvor auch im Herkunftsland, aus dem sie fliehen mussten. Andere scheitern, egal wo sie sind.

Kosmologisch gesehen haben Menschen verschiedene Aufgaben. Die Einen sollen wirken in der Heimat, im 4. Haus, für sie wäre die Fremde ein Unding. Andere fühlen sich im Altbekannten eingeengt, sie brauchen die Weite der Welt (astrologisch das 9. Haus). So gibt es natürlich auch Menschen, die dem Fremden gegenüber offen sind, für andere stellt es eher eine Bedrohung dar. Diese Verschiedenheiten gilt es im sozialen Zusammenleben zu berücksichtigen.

Unsere Zeit, die Jahre von 2012 bis 2025, in denen Neptun durch das

Tierkreiszeichen Fische läuft, wird bestimmt von auflösenden Tendenzen, was eben Grenzen, Traditionen und überkommene Ordnungen betrifft. Nur müssen diese Neigungen nicht nur im Irdischen ausgelebt werden, eben durch Flucht, Auflösung und Täuschung, sondern viel besser noch auf geistigem Gebiet. Da dürfen Grenzen überschritten und erweitert werden. Die Freiheit des Geistes kennt keine Grenzen, da können kulturelle Unterschiede bereichernd sein.

Die Freiheit gehört ja in die Kultur, in das Geistesleben; da kann sie sich wirklich entfalten. Im Irdischen Freiheit und Grenzenlosigkeit anzustreben, endet meist im Egoismus und in der Sucht. Da müssen wir viel eher Verantwortung aufbringen – für das Land, für die Mitmenschen, für die Erde und natürlich auch für sich selbst. Eine geistige Entwicklung mahnt zum Annehmen und Ergreifen geistiger und menschlicher Werte.

Dies bringt eben die ganze Flüchtlingsdebatte mit sich, dass wir uns wieder auf Werte besinnen, die unsere Vorfahren für uns erkämpft und ausgebildet haben, wie die Gleichberechtigung, die Würde und Achtung, das soziale Engagement und die individuelle Freiheit.

Die Freiheit bedingt geistig gesehen immer auch eine Entscheidung, für oder gegen etwas zu sein. Für die Flucht in eine Schein-Welt, also auch in ein kulturelles „Einerlei", wie in den sogenannten „American Way of Live", der für viele junge Menschen immer noch sehr verlockend ist, obwohl die Wirklichkeit in den USA die Schattenseiten dieser Haltung immer mehr zutage fördert. Oder aber wir beschreiten ein geistig-spirituelles Leben, in dem es darum geht, Verantwortung zu übernehmen für sein eigenes Schicksal, für seine Lebensaufgabe, die oftmals mit Mühen und Leiden verbunden ist. Die Versuchung ist heute sehr groß, sich davor zu drücken, zu flüchten in das „gelobte Land", in dem Spaß, Glück, Reichtum und Rausch vorgegaukelt werden.

Für eine Vision in Politik und Kultur, die dem Menschlichen dient, die die Welt in einem positiven Sinne voranbringt, ist immer auch ein Opfer zu bringen. Ein Nelson Mandela beispielsweise wie auch viele andere, mussten persönliche Entbehrungen in Kauf nehmen, um dem Ganzen, um dem Leidvollen innerhalb einer Gesellschaft helfen und dienen zu können. Ja, die Menschheit hat die freie Entscheidung, zumindest in den westlichen Ländern, für das Wohl des Ganzen einzustehen oder nur das persönliche Wohl, den persönlichen Vorteil anzustreben.

Wenn man die großen Flüchtlingsströme der Welt eindämmen will, muss man ihre Ursachen erkennen und heilen können. Da sind einzelne Länder meistens überfordert. Die UNO wirkt heute auf vielen Gebieten leider wie ein „zahnloser Tiger", sie ist zur Marionette degradiert, vor allem durch die politische „Elite" der USA, die niemand über sich haben wollen, da sie selbst die Welt nach ihren eigenen Einschätzungen und Ideen gestalten wollen.

Doch ohne eine Art übernationaler „Welt-Regierung" wird es in Zukunft nicht mehr wirklich in einem gemeinschaftlichen, in einem das Gesamtwohl fördernden Welt-Geist richtig weitergehen. Ein Vorbild dafür könnte eine gelingende europäische Einheit sein, wodurch alle übrigen Länder ein Beispiel haben sollen, sich zusammen zu tun, um die vielfältigen Probleme der Welt besser lösen zu können, wie eben auch das Flüchtlingsproblem. Einzelne Staaten sind da zumeist überfordert. Doch die Angriffe auf diesen europäischen Gemeinschaftsgeist, von Außen wie von Innen, sind sehr groß und die Zukunft ist daher ungewiss.

In Kriegsgebieten sollten zum Beispiel von der UNO befreite Zonen geschaffen werden, in die die vom Krieg bedrohten Menschen flüchten können, wo die Weltgemeinschaft dann für Sicherheit und Zuflucht sorgt. Allein es fehlt dafür der gute Wille. Viel eher macht man noch Waffengeschäfte mit den Kriegsparteien und lässt die Flüchtlinge in den Camps unterfinanziert, wohl wissend, dass sie sich dann auf den Weg machen werden in Länder, in denen ihnen eventuell Zuflucht und Hilfe gewährt wird.

Europa versagt leider noch am Egoismus einzelner Nationen. Wenn es um das Verteilen geht, sind alle dabei; wenn es um das Einbringen, das Geben geht, drücken sich manche. Das Soziale, das soziale Engagement kann aber nicht verordnet werden, denn dann wäre es ja nicht mehr sozial. Die Brüderlichkeit gehört aber zu einer freien und gleichen Wertegemeinschaft mit dazu. Wenn diese nicht heraufbeschworen und gelebt wird, fehlt ein tragfähiger Grund, auf dem sich erst eine Einheit aufbauen lässt.

Ein Weltbund müsste erstehen aus Ländern, die Verantwortung für das Ganze übernehmen wollen. Dafür braucht es eine Freiwilligkeit. Dahin darf dann auch das überschüssige Geld fließen, das in großen Mengen vorhanden ist, bei den Super-Reichen, die an ihrer Habsucht kranken und für die es die beste Medizin ist, wenn sie zur Verantwortung angemahnt werden, um die weltweiten Auswüchse eines kranken Geldwesens heilen zu können.

Ein weltweiter Aufbruch ist vonnöten, damit eine Hilfe gegen Armut, Flucht, Gewalt und Krieg, damit eine Neu-Ausrichtung, auch der UNO und der Nationalstaaten sich ereignen kann. In vielen Bereichen heutiger globaler Konflikte geht es ohne eine übergeordnete, überstaatliche Schlichtungs- und Vermittlungs-Instanz nicht mehr in einem guten Sinne weiter, was zum Beispiel Meeresrechte, Bodenschätze, Landbesitz und ähnliches betrifft. Auch eine internationale Justiz wird gebraucht, die auf die Einhaltung der Menschenrechte und das Ahnden verbrecherischer staatlicher Auswüchse achtet.

Der Zeitgeist ruft zur Veränderung; nationalistische Grenzen sollen teilweise auch überwunden beziehungsweise durchlässig werden, doch genauso ist die Heimat, sind Traditionen und kulturellen Werte zu bewahren, ist die regionale Wirtschaft zu schützen vor den aggressiven und ausbeuterischen Attacken einer neoliberalen Wirtschaftsmacht und der Gier des sogenannten freien Marktes.

Hauptsächlich sind es ja die kulturellen Identitäten, die den Menschen Heimat und Halt vermitteln und schenken können. Sie dürfen daher nicht zu sehr vermischt und verwässert werden. Trotzdem kann aber die Begegnung und der Austausch mit anderen Kulturen bereichernd für alle sein. Heimat ist da, wo ich mich mit den geistigen und kulturellen Werten identifizieren und verbinden kann. Diese Werte müssen verteidigt werden, für sie lohnt es sich zu kämpfen.

Unser Grundgesetz schenkt Achtung, Würde und die Freiheit der persönlichen Entfaltung. Es dient einem friedlichen Zusammenleben einer Gesellschaft. Darin findet sich der Geist des Menschlichen, des Humanen. Er soll und kann uns leiten durch die Wirren der Zeit.

So kann auch im Umgang mit dem Fremden, mit den Flüchtlingen und Notleidenden immer der Geist des Humanen zum Leitbild, zur Richtschnur werden. In diesen Werten, in diesem Geist, der spirituell betrachtet der Christus-Geist, der Geist der Menschheit, des Menschlichen ist, in diesem Geist finden wir unser eigentliches Zuhause und unsere wahre Heimat. Der Mensch als geistiges Wesen wird niemals auf Dauer seine Heimat an einem irdischen Ort finden können. Nur was an Geistigem, an Kulturellem an diesem Orte lebt, kann ihm wirkliche Nahrung sein.

So ist es für den Menschen ratsam, sich auf den Weg zu machen, damit er sein geistiges Zuhause, seine spirituelle, seine wahre Heimat

findet, seine inneren Werte und Visionen, mit denen er das irdische
Leben, sein irdisches Lebensfeld mitgestalten lernt.
Aus geistigen Werten und Kräften erwächst das Heil. Diese humanistischen Werte vermögen es, die Welt so zu gestalten, damit das Gute
sich darin vermehrt und das Kranke, das Üble und das Böse dadurch
verringert beziehungsweise gewandelt werden kann.

Wohin mit unserem Egoismus?

Keine Frage, der Egoismus wächst weltweit, auch wenn es in vielen Ländern immer mehr Menschen gibt, die sich für das Gemeinwohl, für das Ganze, also auch für den Anderen, für das „Du und Wir" einsetzen. Jedoch, die Gier und das Streben nach Wohlstand, Geld und Besitz, nach schönen und teuren Autos beziehungsweise Erfolg, Status und Glück für sich und die Seinen zu erlangen, ist ungebrochen. Die Werbungs-Industrie schürt dieses Verlangen, weil sie davon natürlich selbst profitiert. Dabei wird meistens wenig Rücksicht genommen auf die Ressourcen der Erde. Wenn zukünftig auch noch die Menschen der armen Länder mehr Besitz und Reichtum anstreben, wird die Belastung für die Natur und die Erde so stark, dass uns von daher schon Grenzen gesetzt sind.

Der Egoismus wird von sich selbst aus nicht kleiner oder altruistischer werden. Nur aus Einsicht in die größeren Zusammenhänge kann er gemäßigt und begrenzt werden und dies nur im Persönlichen. Im Menschen leben antisoziale und soziale Kräfte. Die antisozialen Seelenkräfte, zum Beispiel im Selbsterhaltungstrieb, sind naturgegeben. Die sozialen Fähigkeiten müssen wir uns meistens erst erwerben. Ein Egoismus, der für sich selbst gut sorgen will, ist im Grunde ja nicht nur schlecht. Ungut wird er erst, wenn er die Bedürfnisse der Anderen nicht mehr sieht und achtet, wenn also durch das eigene Tun der Andere ausgebeutet und geschädigt wird. Dies passiert heute weltweit, nicht nur in persönlichen Bereichen, sondern in einem globalen Maßstab, der ganze Länder und Regionen umfasst. Gruppen-Egoismen, sei es aus politischen „Eliten" oder aus Wirtschafts- und Finanzvereinigungen, beherrschen die Welt und beuten sie aus.

Ein kollektiver Egoismus, eine krank- und wahnhafte Egomanie verpestet zusehends die Welt. Kriminelle Banden, Familien- und Stammes-Clans bis hin zu nationalen Egoismen, die nur nehmen wollen und sich wenig solidarisch zeigen, sind meistens die Ursachen für Streit, Gewalt und Krieg. Doch was kann dagegen getan werden?

In östlichen Religionen und Geistesströmungen, aber auch in der christlichen Mystik wird proklamiert, man soll das Ego auflösen, denn dieses ist Schuld für die zu starke Anhaftung an die irdische Welt, so dass der Mensch dadurch seinen geistigen Ursprung vergessen hat.

Ego heißt, aus dem Lateinischen übersetzt, Ich. Müssen wir das Ich wirklich auflösen, das uns ja das Selbstbewusstsein, die Freiheit und die Selbstbestimmung erst möglich macht? Ist dieses Ich nicht eher wie ein zweischneidiges Schwert, das sich einerseits sehr wohl im Egoismus verlieren kann; auf der anderen Seite haben wir gerade in diesem Ich, in unserer Egoität, die Möglichkeit der freien Entscheidung, hin zu einer sozialen und altruistischen Einstellung, also hin zu einem Ich, das sich selbst „am Schopfe packt", das sich selbst überwinden kann. Eine Selbstlosigkeit, eine soziale und mitmenschliche Haltung wird in allen Religionen gelehrt und diese wird nur möglich sein, wenn wir die antisozialen Kräfte erkennen, wandeln und damit überwinden lernen. Für diese Überwindungskraft brauchen wir sogar ein sehr starkes Ich, denn ein schwaches Ich wird zu leicht mitgerissen von den Verlockungen der Welt. So enden die sieben Sendschreiben in der Apokalypse auch alle mit dem Satz: Wer überwindet, dem will ich .....

Folglich befindet der Mensch sich auf einem Ich-Weg. In früheren Zeiten war er nur ein Glied, ein Teil des Ganzen, des Stammes, des Volkes, der Nation. Der Einzelne war hauptsächlich zum Gelingen und Gedeihen des Ganzen da. Mit der zunehmenden Ich-Entwicklung beziehungsweise Individualisierung kehrte sich das Verhältnis um. Heute soll das Ganze, zum Beispiel der Staat, die Gemeinschaft, Sorge dafür tragen, dass sich der Einzelne bestmöglich entwickeln, das heißt, seine Fähigkeiten und mitgebrachten Talente erproben und ausleben kann. Denn diese können dem Ganzen wieder zugute kommen.

Selbstverständlich besteht hier die Gefahr, dass der Einzelne das Ganze nicht mehr sieht, nur noch die eigenen Interessen in den Vordergrund stellt und dann wird er eben asozial. Ein Abschließen, ein Verhärten in sich selbst, ist eine große Gefahr, die heute überall zu sehen ist – bis hin in krankhafte Extreme des Autismus und des zwanghaften Wahns, bis in den Narzissmus, also in die Ehrsucht, in die Habsucht und in die Machtsucht hinein. Diese Süchte verhärten das Ich in sich selbst.

Eine Heilung kann nur in der Selbsterkenntnis und in der Bereitschaft erfolgen, sich für eine Läuterung, eine Wandlung und Überwindung zu entscheiden. Ein Opferwille ist verlangt, der sich für größere, humane und spirituelle Werte entscheiden kann. Ein spiritueller Ich-Weg kann bis zu einer Neu-Geburt des Menschenwesens hinführen, wo das Ich sich eingebettet findet in höheren Welten, aus denen es ursprünglich hervorgegangen ist.

Doch zunächst müssen wir den Egoismus durchschauen. Woher kommt er, was stärkt ihn und wie ist mit ihm umzugehen, damit er ins Positive gewendet werden kann?

Unsere materialistische Weltanschauung bildet die Grundlage zum Erstarken des Ich. Das Ich fühlt sich darin losgelöst von allen moralischen Zwängen, Geboten und kosmischen Zusammenhängen. Wenn es keinen erlebbaren Zugang mehr gibt zu den religiösen und geistigen Welten, nur noch Regeln und Gebote daraus, sucht der Mensch viel eher die Befriedigung im Sinnlichen, in der Leidenschaft, im Genuss, in Trieben und Begierden. Das ehemals kosmische Ich wird somit verstärkt in das Körperliche, in die irdische Sinneswelt, in die irdischen Anhaftungen und Notwendigkeiten hineingezogen. Das sogenannte niedere Ich, unser Leib-Seele Ich, unser „Ich will" hat dadurch den Kontakt zu allem Höheren verloren. Das niedere Ich wird im rational und materialistisch eingestellten beziehungsweise im ach so aufgeklärten Menschen seither als Zentrum des Menschen erlebt. Oftmals ist dadurch kein Raum mehr in uns für das Hohe, für das höhere Wesen, das wir letztlich sind. Nur noch in Gewissenseindrücken und religiösen Andachten kann dieses Höhere in uns einstrahlen. Ansonsten ist der Himmel fern, weit weg von unserem Alltagsleben, das mehr durch Hetze und Leistungsdruck bestimmt ist, als von innerer Ruhe, Andacht und Beschaulichkeit. Somit muss das niedere Ich lernen, wenn es sich aus diesem Fall, aus dieser Verengung und Verkleinerung befreien will, selbst Beiseite treten zu können, zum Beispiel durch eine Selbstreflexion, bei der man lernt, sich wie von Außen zu betrachten, sich selbst zu beobachten, um dadurch Seiten an sich zu entdecken und zu erkennen, die mit den inneren Werten, dem inneren Wesen und höheren Menschen nicht mehr übereinstimmen.

Auch die Weltereignisse können mit der Zeit und mit etwas Übung so angeschaut werden, wie wenn wir sie wie von Außen, zum Beispiel von der Sonne aus, beobachten würden. Wie sieht das Tun der Menschen für die Götter aus und wie sehe ich, wie sieht mein Denken und Tun für meinen Engel aus? Freut er sich an mir oder ist er traurig und enttäuscht?

Natürlich wird der Materialist und Egoist die Existenz eines Engels bezweifeln. Nur wenn wir spüren, dass es noch etwas Höheres geben muss, können wir diesem Höheren Raum schenken und es dann mehr und mehr gewahr werden. Bis dahin, dass wir mit Engels-Augen sehen lernen. Der Engel schaut durch mich, er durchwirkt mich mit seinem Sein. Im Engel lebt unser höheres Ich, das heißt, er bewahrt es für uns, bis wir uns so weit gereinigt und entwickelt haben, dass wir dieses in unser Herz aufnehmen, dass wir ihm Raum in unserer Seele geben können.

Zusammen mit unserem Engel, mit unserem Geistführer dürfen wir eintreten in den Tempel unseres Herzens. In diesem Tempel erscheint der Christus am Altar – da darf das Opfer unserer Eigensucht vollzogen werden.

Der Weltenwille soll in uns erstehen. Ein göttlich-geistiger Wille soll von diesem inneren Tempel aus die Welt nach geistigen Gesetzen wandeln und gestalten können. Die geistig-moralischen Gesetze und Pläne erfahren wir im Buch des Lebens, das im Himmel ist. Mit dem Wissen daraus wird unser Geist „versiegelt", imprägniert. Lernen wir deshalb das Lesen im Buch des Lebens. Wo? - Überall, wo inspirierte Gedanken in Worten und Büchern, zum Beispiel in den heiligen Schriften der Völker, in Eingebungen, in Inspirationen, in künstlerischen Werken oder in meditativen Wegweisungen zu uns gelangen. Dazu muss man innerlich ruhig werden, einen seelisch-geistigen Raum schaffen, in den sich Göttliches einleben und sich darin offenbaren kann.

„Ich bin und ruhe in der göttlichen Welt"

„Christus in mir – ich in Christus"

Christus ist der Garant für ein freies Ich, das sich eben nicht mehr auflösen muss. Das menschliche Ich wird von ihm ganz angenommen. Gott ist Mensch geworden, er hat das Menschliche ganz angenommen. Alte Geisteswege haben das menschliche Ich noch abgelehnt, weil die Gefahr des Egoismus natürlich besteht. Durch den Egoismus muss der Mensch aber durch, wenn er seine Freiheit und Selbstbestimmung nicht verlieren will. Der Ich-Weg ist gottgewollt, damit der Mensch ein freies Wesen werden kann. Diese Freiheitsmöglichkeit wird vom Göttlichen anerkannt, da die Liebe Gottes auf eine freiwillige Rückkehr hofft, dass der Mensch also von sich aus die Wege zum Göttlichen wiederfindet beziehungsweise diese Wege beschreiten will.

Jedoch, die westlich geprägten Menschen sind heute so tief ins

Irdische hinabgestiegen, dass sie allein von sich aus die Wege zum Ursprung, in ihre eigentliche Heimat meistens nicht mehr finden können. Deshalb ist Christus in einem Menschen erschienen, hat sich drei Jahre im Jesus von Nazareth inkarniert, damit der Mensch von da an den Christus-Impuls in sich selbst wiederfinden kann. Mit Christus kam das Göttliche erneut in die Menschheit hinein, nach dem der Mensch immer stärker aus dem ursprünglich Göttlichen herausgefallen war.

Das göttliche Ich, das Welten-Ich und das Menschen-Ich werden wieder eins. Das menschliche Ich wird dabei zur Grals-Schale für das göttliche „Ich bin". Die Ich bin-Worte des Christus, sie helfen dem menschlichen Ich, sich vom Egoismus, sich von der Anhaftung an das nur Irdische lösen zu können. Christus hilft, führt und begleitet das Menschen-Ich zum himmlischen Ich, zum Gottes-Ich.

„Ich und der Vater sind eins"

„Der Geist in meinem Herzen. Ich bin dieser Geist. Dieser Geist bin ich"

Dies sind gute Meditations-Inhalte, die uns mit diesem Geist verbinden können. Hier ist Transformation, hier geschieht Überwindung und Erneuerung, aber keine Auflösung, auch keine Verschmelzung, da Christus das Individuelle, das Eigene annimmt und sich nicht an dessen Stelle setzt. Eine brüderliche Verbundenheit ist angesagt. „Von Angesicht zu Angesicht wirst du Gott schauen", so prophezeit es das Neue Testament.

Dies ist des Menschen Bestimmung. Auf diesem Weg wird das Ich rein, stark und gütig; es muss andere nicht mehr ausbeuten, kleinreden oder negieren. Es muss sich auch nicht mehr selbst erhöhen, aufblähen, damit es sich selbst etwas beweisen kann. Zwischen Minderwertigkeit und Selbsterhöhung muss das Ich seinen Weg finden, auch zwischen Leib und Geist, zwischen Erde und Himmel, weil mit dem menschlichen Ich eine neue Schöpfung kreiert werden soll, die es so in der alten Schöpfung noch nicht gegeben hat, auch nicht in den Himmelreichen.

Daher ist dieses Ich auch so umkämpft. Die Widersachermächte attackieren es ständig und treiben es in die Extreme:
in die Auflösung des Ich und damit in eine geistlose Seelenhaftigkeit, in der nur noch Emotion, Genuss und Rausch zählen soll – Luzifer,
in die Verhärtung des Ich und damit in eine seelenlose Geistigkeit, in der nur kalte Berechnung, Nützlichkeit, Eile und technischer Fort-

schritt zählen soll – Ahriman.

Christus hält und stützt die menschliche Mitte. Er ist der Menschheits-Repräsentant, so wie dies Rudolf Steiner in einer Plastik künstlerisch dargestellt hat. In dieser Mitte findet sich das Ich erst selbst. Extreme müssen in dieser Mitte, vom Ich aus, erkannt und ausgeglichen werden, damit wir unser Menschsein bewahren können. Von dieser Mitte aus und in dieser Mitte ist der Mensch frei, sich nach allen Seiten hin zu bewegen. Damit wird er Mittler zwischen Himmel und Erde, zwischen Innen und Außen, zwischen Oben und Unten, zwischen Gott und Natur und zwischen den Extremen, in denen das Böse, das Krankmachende und Spaltenwollende erscheint. Mit dem Menschen wird eine neue Schöpfung, eine neues Reich geschaffen werden. Dies ist aber nicht in einem Leben zu schaffen. Eine lange Menschheitsentwicklung muss die Seele in vielen Inkarnationen erfahren, auf der Erde und dann wieder in jenseitigen Welten, um Erlebtes aufarbeiten und neue Aufgaben finden zu können, danach wieder eintauchen in neue Zeiten und Umstände, um sich nach und nach vervollkommnen beziehungsweise um neue Fähigkeiten sich erwerben zu können. Dies ist Weltenwille und der Weltenplan.

Verstehen wir diesen Plan immer besser, so werden wir auch leichter die Wege finden, um diesem Ziel, dieser neuen Erde, diesem „Neuen Jerusalem" entgegen schreiten zu können.

Dem Abgrund abgerungen

Gerade in Krisenzeiten ist es ganz besonders wichtig, dass wir uns für gesunde und soziale Werte einsetzen. Wir sollen eintreten für eine neue, für eine bessere Welt. Aber nicht darum kann es gehen, dass wir nur das „Paradies" auf Erden anstreben wollen, denn dann würden wir meistens nur die „Hölle" schaffen. Die Versuchung, Steine in Brot zu verwandeln, ist heute ja allgegenwärtig. Viele Menschen wollen zum Beispiel für ihr angelegtes Geld Zinsen erwirtschaften, also Vermögen bilden, ohne dafür etwas getan zu haben. Das schafft, so wie wir das immer stärker sehen können, durch Spekulationen und Börsenhandel nur wirtschaftliche Ungleichgewichte, denen nichts Gutes folgen wird. Wer also nur das „Paradies" für sich herbei-wünscht, nimmt zumindest in Kauf, dass woanders schlimme Zustände entstehen.

Eher geht es darum, geistige Impulse ins irdische Leben hineintragen zu wollen. Selbst im Spirituellen ist es nicht ratsam, nur nach persönlicher Erlösung und Erleuchtung zu streben, denn zu leicht verlieren wir dadurch den Kontakt zur Erde, zu den Aufgaben in dieser Welt. Und darauf kommt es nämlich an, auf die Arbeit an der Erde, was zum Beispiel den Naturschutz und die Landwirtschaft betrifft. Viele landwirtschaftliche Höfe schließen, weil Bauern davon nicht mehr leben können. Sie sind Abhängige der Chemie- und Pharma-Industrie geworden; der Lebensmittelhandel drückt zudem die Preise, wo er nur kann. Und eine Börsen-Spekulation auf Nahrungsmittel will nur Renditen für Anleger, das macht eine gesunde Arbeit an der Erde unmöglich.

Ähnlich ist es im Umgang mit den Fragen der Energie. Riesen-Unternehmen setzen immer noch auf fossile Brennstoffe, obwohl es schon lange bessere Lösungen gibt. Die Waffen-Industrie sorgt vermehrt durch Lobbyisten in staatlichen Stellen und internationalen Verflechtungen, dass die Politik mehr und mehr zu Handlangern dieser Industrien werden. Denn die Politik ist davon abhängig, dass Arbeitsplätze erhalten oder geschaffen werden. Sonst drohen noch größere soziale Verwerfungen.

Das System aus Konzernen, Banken, Politik und Medien funktioniert aber nur, so lange genügend Menschen Wohlstand und Arbeit erhalten. Wenn die Menschen satt und gut unterhalten sind, wollen sie keine Veränderung. Die sozialen Ungerechtigkeiten im Lande und weltweit berühren daher nur am Rande.

Wenn als Folge von Kriegen und wirtschaftlichem Ungleichgewicht große Flüchtlingsströme bei uns ankommen, ist es mit unserer „schönen" Welt schnell vorbei und dann merken wir, dass wir schon viel früher hätten anders handeln müssen.

Es führt daher kein Weg daran vorbei, dass wir das System aus Geld, Macht und Konsum durchschauen müssen. Wie sind die Macht-Eliten organisiert und was streben sie an? Wie funktioniert ihr Geldsystem und wie kann es durch sinnvolle Geldanlagen aufgebrochen werden?

Doch es kann auch nicht darum gehen, die Missstände in der Welt nur auf diese Macht-Eliten zu schieben, also im Sinne einer Verschwörungstheorie. Man hat die Reichen und Mächtigen, die heute in vielen Ländern zu Gange sind, weil viele Menschen nach Reichtum und Macht streben, oftmals nur im Kleinen, doch die Energie ist da. Die sogenannten „Eliten" können es nur viel besser, dessen sollten wir uns bewusst werden. So erlaubt die Mehrheit der Menschen durch ihr eigenes Denken und Handeln, von wem sie regiert beziehungsweise von wem sie gesteuert werden. Hinter den Mechanismen und Strukturen der wirtschaftlich-politischen Institutionen, wie auch den Bestrebungen nach Macht, Reichtum und Ruhm, stehen letztlich widersacherische Mächte, stehen Wesen der linken Hierarchien, die sogenannten dunklen Schattenbrüder, die inspirieren, forcieren und die Menschen in ihren Bann schlagen wollen. Und sie wirken so, dass der Mensch seinen Schatten, seinen dunklen Bruder in sich selbst nicht sehen will, denn niemand will, aus Bequemlichkeit und Eitelkeit, gerne erkennen, dass er eine Mit-Schuld trägt am Zustand der Welt, wie auch im eigenen Leben. Vor allem nicht an den negativen Umständen, da suchen wir die Schuldigen immer gerne woanders. Für das Gute fühlen wir uns schon eher verantwortlich: wir haben unseren Wohlstand verdient und aufgebaut durch harte Arbeit und dergleichen mehr. In armen Ländern arbeiten die Menschen meistens noch viel härter, bekommen aber viel weniger Lohn, werden also schlichtweg ausgebeutet, nur damit wir billig einkaufen können.

Aus diesem Teufelskreis müssen wir rauskommen. So weiterzumachen, führt in einen Abgrund hinein. Das System aus Kapitalismus, Spekulation und Ausbeutung muss aufgebrochen werden, sonst wird es in sich selbst zusammenbrechen müssen oder es wird künstlich am „Leben" gehalten durch Wachstum, Wachstum, Wachstum …, in dem in Kriegen zerstört, um danach wieder aufbauen zu können, in dem neue Wirtschaftsräume erschlossen und die letzten Reste der Erde ausgebeutet werden.

Wie man es auch machen will, die Erde ist begrenzt, das heißt, sie setzt uns Grenzen. Daher ist eine Umkehr unausweichlich.

Hat man das System durchschaut, das letztlich aus den seelischen Gründen der Habsucht, der Ehrsucht und der Machtsucht aufgebaut ist, und dies bei jedem Menschen weniger oder mehr, so kann man erkennen, dass es um moralische Werte und Kräfte geht, die dabei zu erringen sind.

Kein Hass, kein Neid, keine Gier oder Faulheit soll uns leiten, auch nicht gegen politische und wirtschaftliche Macht-Eliten. Letztlich können nur moralische Werte und Kräfte weiterhelfen, die wir aus den lichten Sphären in das irdische Leben tragen lernen. Die dunklen Kräfte zerstören sich mit der Zeit selbst, die Frage dabei ist nur, was und wie viel sie mit in den Abgrund reißen.

Können wir uns davor schützen?

Eine Weltuntergangsstimmung nützt nur denen, die sie verbreiten. Sich auf irgendwelche „Inseln" zurückzuziehen mit viel „Bio" und Selbstversorgung genügt auch nicht wirklich, denn es geht darum, ein globales Bewusstsein zu entwickeln, damit wir Eintreten für die Belange der ganzen Welt. Handeln können wir dagegen eher im regionalen und lokalen Bereich, wo es auch schon vielfältige Ansätze gibt, zum Beispiel in der solidarischen Landwirtschaft, in alternativen Geldwährungen, in gemeinnützigen Banken und in neuen Entwürfen und Modellen für das Zusammenleben und in einem gemeinwohlorientierten Wirtschaften, das eine nachhaltige, ökologisch verträgliche und faire Verteilung garantiert. Neue Gedanken, Visionen und Impulse müssen in die Welt. Da können ökologisch, sozial und spirituell ausgerichtete Gemeinschaften natürlich eine Vorbildfunktion haben, wenn sie in friedvoller und gleichberechtigter Weise ihr Zusammenleben gestalten lernen.

Politiker richten sich meist nach dem „Mainstream" innerhalb einer Gesellschaft. Wir haben die Regierenden, die unser aller Seelisch-Geistiges, die also die Mehrheit der Einstellungen eines Volkes vertreten. Ändert sich das Bewusstsein der Menschen, wird sich auch die Politik ändern.

Daher hoffe ich auf einen gewaltfreien und friedlichen Umschwung, da die Vernunft in unserem Land mehrheitlich doch noch recht besonnen und rational entscheiden kann, auch gegen Versuchungen und Einschüchterungen, gegen Angstmache und Attacken aller Art, die nur eine Polarisierung und Spaltung innerhalb der Gesellschaft bewirken, die also die Gesellschaft für ihre Zwecke und Ansichten missbrauchen wollen.

Die radikalen, extremistischen Kräfte, sei es von rechten oder linken, von religiösen oder politischen Gruppierungen, wie auch Hass und Gewalt, vor allem unter Jugendlichen, nehmen leider zu. Der Faschismus greift um sich. Die Mitte ist dadurch herausgefordert. Sie ist noch zu lau. So sinkt die Moralität als Ganzes. Eine kulturelle Degeneration findet statt. Dazu gehört auch die Abhängigkeit von virtuellen Visionen und Systemen, von Internetfirmen, die vorgeben zu wissen, was gut für unser Leben sein soll. Und viele Menschen machen dabei begeistert mit, bemerken jedoch nicht mehr, wie ihnen alle individuellen Einflussmöglichkeiten auf das eigene Leben mehr und mehr entschwinden. Denn zu viel Technik und Medienkonsum erzeugt letztlich eine innere Leere, die wir nur durch sinnvolle Eigenbetätigung, durch kreatives Schaffen und spirituelle Praxis füllen können.

So ist heute nichts dringlicher, als die Kultur, den kulturellen Bereich innerhalb einer Gesellschaft zu stärken. Leider werden in den Schulen künstlerische, ethische und religiöse Fächer als unwichtige „Nebenfächer" angesehen. Werden aber in der Kindheit keine seelenwirksamen Bilder aus Religion, Märchen, Fabeln und Geschichten mitgegeben, entsteht später eine seelische Leere, die leicht von finsteren Mächten gefüllt werden kann. Ein geistiger Materialismus und Atheismus erschafft eine Kultur, die den dunklen, widersacherischen Angriffen wenig entgegensetzen kann. Doch wie stärkt man eine Kultur?

In der Kunst darf es nicht nur um Unterhaltung oder dem Aufzeigen zeitkritischer Abgründe gehen, die Kunst, also die Malerei, Musik, Architektur, Plastik und Skulptur, das Schauspiel und der Tanz, sie haben Qualitäten in sich, die heilend wirken können im Gesellschaftlichen wie auch im Persönlichen und sie kann mithelfen, ganz neue Sinne auszubilden.

Die Religion soll das Gute tun. Mitmenschlichkeit soll uns leiten. Keine Gebote, keine „Scharia", kein kirchliches Dogma sind maßgebend. Ein individuell ethisch-moralisches Handeln ist entscheidend. Dabei ist das säkulare Prinzip zu beachten, wie auch die Anerkennung und Einhaltung der Menschenrechte. Der mündige Bürger ist der Souverän, nicht nur im Staatlichen, auch vor der Religion hat das Menschenrecht, die Charta der Menschenrechte Vorrang. Spätestens seit der Zeit der Aufklärung steht das Individuum über dem Ganzen, über dem Gruppenhaften aus Politik, Religion und Wirtschaftsinteressen. Das Gemeinschaftliche hat dabei nur noch die Sorge zu tragen, dass sich der Einzelne nach seinen eigenen Möglichkeiten, Talenten und Fähigkeiten entwickeln lernt. Die Maxime des freien Menschen lautet nach Rudolf Steiner: Leben in der Liebe zum Handeln und Leben lassen im Verständnis des fremden Wollens. So hat sich auch die Wissenschaft zu erweitern – von der Erforschung der Natur und Unternatur zur Übernatur, das heißt, von der Erforschung des mechanisch, physisch Toten zu den wirkenden Kräften des Lebendigen. Eine Wissenschaft des Lebens kann uns viel weiter bringen als eine einseitige Wissenschaft des Todes, die im Sezieren, Zerkleinern und Manipulieren versucht, Einfluss auf das Sein zu nehmen. Eine Wissenschaft des Lebendigen hat vor allem die Aufgabe, das Leben zu stärken, in dem sie fördert, Zusammenhänge erkennt und mit den Kräften des Lebendigen zusammenarbeiten kann. Davon wird die Natur und dann vor allem auch die Landwirtschaft profitieren und damit auch unsere Ernährung und über diese unser ganzes Sein.

Eine neue Geld- und Wirtschaftsordnung, die in lebendigen Kreisläufen denkt, die aus lebendig-geistigen Impulsen und Gesetzen heraus entwickelt ist, kann sich ausbilden. Die Gedanken eines Rudolf Steiner, Silvio Gesell und viele neuere Versuche und Ideen werden in den Medien noch totgeschwiegen. Doch da sind heute schon viele Lösungen aufgezeigt, die wir jederzeit anwenden können.

Neue Strukturen in Politik und Wirtschaft sind unabdingbar. Die Bildung muss frei werden von staatlicher oder wirtschaftlicher Einflussnahme. Der Staat hat sich zu reduzieren auf die eigentliche Aufgabe, auf Recht und Gesetz und dem Schutz der Bürger. Er hat keine Wirtschafts- und Kulturaufgabe, nur die gesetztlichen Rahmenbedingungen dafür soll er schaffen. So hat es meistens auch wenig Sinn, aus politischem Kalkül, Wirtschaftssanktionen, Geldpolitik oder ähnliches durchzuführen.

Die Wirtschaft soll sich selber gestalten, in dem sie solidarische und assoziative Strukturen aufbaut, in denen alle Beteiligten der Wirtschaft, also Produzenten, Dienstleister, Händler und Verbraucher zusammenarbeiten, damit alle Bedürfnisse gleichermaßen berücksichtigt und befriedigt werden können.

Diese Gedanken und Grundsätze können in diesem Rahmen hier aber nur einen ersten Einblick geben, für die Ausarbeitung und Umsetzung wird eine Vertiefung und eine praktische Detailarbeit verlangt, die hier nicht geleistet werden kann. Ansätze für ein freies Bildungswesen, für eine solidarische Landwirtschaft oder für gemeinwohlorientierte Unternehmen sind da, sie müssen gestärkt und gefördert werden. Jeder kann hier mithelfen, an seinem Platz, mit seinen Möglichkeiten.

Wichtig ist es zunächst, dass viele Menschen zur Einsicht gelangen müssen, dass es so wie bisher im gesellschaftlichen Mainstream nicht mehr weitergehen kann. Wer nur persönlich vom „System" profitieren will, gerät in die Gefangenschaft der alten Strukturen, zumindest seelisch gesehen. Wer eine Änderung im Außen, in der Welt bewirken will, muss die Gier, die Habsucht, die Bequemlichkeit und die Feigheit in sich besiegen können, er muss verzichten lernen; was ist Wesentlich und was Unwesentlich, was hält fest und was befreit!

Im Mittelalter war das Gelübde der Armut das Heilmittel für die Habsucht. Arm im materiellen Sinne müssen wir nicht werden, aber arm, das heißt bedürftig für geistige Kräfte, sollten wir schon sein, denn sonst ist für diese kein Raum in uns vorhanden. So auch mit den anderen Gelübden. Die Ehr- und Ruhmsucht soll sich wandeln – hin zur Keuschheit. Ein reines Herz ist keusch. Die Macht soll sich wandeln – hin zum Gehorsam; der Weltenwille, der Gotteswille soll in uns erstehen. Ich beuge meinen eigenen „Macht"-Willen vor Gott, vor dem Leben der Welt.

Negative Kräfte können nur durch positive, gute Kräfte überwunden werden. Dabei ist immer die Mitte gefragt, in der Gesellschaft, wie auch im Menschen. Das Herz soll sich befreien vom Bösen.

„Und erlöse uns von dem Bösen". Im „Vater unser" ist uns ein Gebet gegeben, das die guten Kräfte herbeiruft und uns daher eine starke Hilfe sein kann in abgründiger Zeit.

An einem neuen Tempel bauen

Der Mensch lernt aus Einsicht oder aus Leid, aus Katastrophen, damit er zukünftig gegen neues Leid und neue Fehler besser gewappnet ist. Immer aber geht es um das Lernen, um daraus neue Fähigkeiten und Seelenkräfte zu entwickeln. Dafür sind wir auf der Erde.
Ein altes indisches Sprichwort sagt: „Der Weise lernt vom Anderen, der Dumme lernt aus eigener Erfahrung". Und diese Lebenslektionen können manchmal recht bitter sein. Sicher, aus der Geschichte und von weisen Menschen können wir lernen – aber oft tun wir das nicht. Zu sehr neigt man zur Bequemlichkeit und Verdrängung, bis einen die Wirklichkeit einholt und korrigiert.
Der Entwicklungsweg der Menschheit geht jedoch auch immer wieder in neue Gefilde hinein, in neue Bereiche des zukünftigen Lernens, die zu erschließen sind. Sicherlich gibt es dafür auch schon Vorbilder, die ihrer Zeit voraus waren und sind, die uns also eine Orientierung geben können. So muss der heutige Mensch den Gang in die Unterwelt, bis in dunkle Sphären der astralen Welten hinein beschreiten, wie dies ein Odysseus, ein Dante, ein Dr. Faust und andere in urbildlicher Weise in der Geistesgeschichte aufzeigten.
Die westliche Menschheit hat die Verbindung zum Göttlichen zumeist verloren und muss daher durch die kargen Erdverhältnisse bis in untersinnliche „Hades-Bereiche" hinein beziehungsweise da hindurch, um durch „die Nacht zum Licht" gelangen zu können. Dies stärkt sein Ich und sein seelisches Wesen, wie auch in analoger Weise das Wintergetreide robuster und kräftiger ist als das Sommergetreide. So können wir auch differenzieren zwischen den erdverwachsenen Menschen im Verhältnis zu den mehr geistverwandten Menschen, die die „winterlichen" Anstrengungen meiden, die diese nicht so stark durchmachen müssen, entsprechend einer mehr östlichen Geistigkeit, die noch mehr dem Spirituellen verbunden bleibt.
Biblisch wird diese Polarität beispielsweise in den Brüdern Kain und Abel ausgedrückt. Abel bleibt als Hirte mehr kindhaft mit dem Göttlichen, mit den Höhen verbunden und wird von diesen versorgt. Kain als Ackerbauer löst sich stärker davon ab, er geht tiefer ins Irdische hinein und nimmt dadurch andere Kräfte in sich auf. Damit wird er aber auch selbstsüchtiger, mit allen allzu menschlichen Schwächen, die sich im Umgang mit der Erde, mit Besitz, Not, Macht und Ruhm,

also mit den Tiefen und Gefahren des Irdischen ergeben. Jeder irdisch verhaftete Mensch hat diesen Kainsbruder auch in sich, der bis zum Brudermord fähig ist. Alle Menschen sind ja vor dem Göttlichen Brüder. Eine Kainswelt aus Kriegen, Neid, Verleumdung, Hass und Gewalt ist uns ja nicht unbekannt. Der dunkle Schatten des Menschen breitet sich aus, so lange, bis wir ihn erkannt und angenommen haben.

Eine alte Geistigkeit, eine natürliche Gottverbundenheit geht mehr und mehr verloren. Sie war der Menschheit kindhaft mitgegeben, ent-sprechend dem Abel, der jedoch von Kain getötet wurde.

Die Kains-Entwicklung der Menschheit geht bis zum Erreichen und Festigen eines niederen, gefallenen Ich´s, eines Egos, das sich mit irdischen Möglichkeiten, mit Besitz, Status und Können identifiziert. Dieses Ich hat sich dabei aber vom Himmel getrennt, es ist heimatlos geworden, wie der „verlorene Sohn", der in der Welt umherirren muss. Denn der Kains-Mensch bleibt nicht nur im Natürlichen, er dringt tiefer in die Erde hinein, will ihr tiefes Geheimnis, will ihre Weisheit und ihre Schätze an sich nehmen, rauben und öffnet dabei den Abgrund, der aus den Tiefen emporsteigen will. Die untersinnlichen Kräfte und chtonischen Gewalten daraus bedrängen und wollen ihn wiederum erobern, fesseln und besiegen. Noch mehr Egoismus breitet sich dadurch aus, bis hin zum Kampf aller gegen alle. So weit kann der Kains-Weg reichen. Wir sind heute in immer größeren Teilen der Welt dahin schon ziemlich nahe herangekommen.

In der Offenbarung des Johannes erschallen die Posaunen und beschreiben in düsteren Bildern den Weg der Menschenseele in den astralen Reichen der Welt. Damit ist ein fortschreitender Abstieg verbunden bis im sechsten Posaunenschall das Bild der zwei Leichname erscheint, die spirituelle Zeugen beziehungsweise Repräsentanten aus der Himmelswelt waren, die aber vom „Tier aus dem Abgrund" besiegt und getötet worden sind. Diese zwei Zeugen der geistigen Welt sind menschheitlich gesehen die Wissenschaft und die Religion, die sich mit der kalten Intelligenz und mit Machtansprüchen verbunden haben. Dadurch kam es in der Geschichte zur Trennung von Glaube und Wissen.

Ein Ausweg, eine Hilfe ist uns gegeben durch Eingeweihte und spirituelle Führer, die uns einen inneren Weg weisen können, wo es darum geht, in sich und dann auch im Außen eine „Hütte zu bauen".

Ja, wir dürfen in allen äußeren Zerwürfnissen und Auseinandersetzungen ein inneres Gleichgewicht, ein Refugium erschaffen, einen inneren Tempel in sich bilden, diesen imaginieren, einen Tempel für das höhere Ich, für das Sonnen-Ich im Menschen, in dem Andacht, innere Ruhe und innerer Friede einziehen und walten können.

Auf dem inneren Weg ist das Bauen einer Hütte, eines inneren Tempels Voraussetzung dafür, dass der Geist, dass das hohe Ich eine Bleib-Statt, eine Wohnstätte finden kann. Ja, auch den Leib können wir als einen Tempel erleben, seine Kräfte und Lebensströme wahrnehmen lernen und darin Lichtsäulen erschaffen zwischen Unten und Oben, zwischen der Erde und dem Himmel, zwischen Shakti und Brahman, der Kundalini und dem Licht über unserem Haupt.

Im Zentrum dieses imaginativen Tempels steht ein Altar, ein Herzens-Altar, auf dem alles Niedere, Egoistische dargebracht und geopfert werden kann. Das menschliche Ich opfert sich darauf selbst.

Im Buch des Lebens ist das ursprüngliche geistige Wissen, sind die ewigen Gesetze des Lebens angeführt und enthalten. Wenn wir dieses geistige Schicksals- und Lebensbuch schlucken, wie es in der Offenbarung gefordert wird, so schmeckt es süß im Mund und bitter im Bauch. Geistiges Wissen zu lehren ist eben noch etwas anderes, als es auch noch im Leben, im Schicksals-Weben anzuwenden.

Drei Stationen und Attribute tauchen schließlich auf, die in einem Tempel verwirklicht werden müssen:

Das Buch, dessen sieben Siegel geöffnet werden, in denen sich das Weltenwerden offenbart. Darin zeigt sich für uns der menschheitliche Weg des Denkens bis zur Imagination, bis zur geistigen Schau. Vom mosaischen göttlichen Gesetz, das die Menschen früher bestimmte, bis zur kalten naturwissenschaftlichen Betrachtung, soll es zukünftig weitergehen hin zu einem lebendigen Denken, das in ätherisch-astralen Welten zu leben beginnt und sich darin in Imaginationen und Visionen eine zukünftige Welt erschaffen beziehungsweise mit erschaffen kann.

Der Altar, an ihm erschallen die sieben Posaunenklänge. Eine Läuterung und Reinigung des Fühlens lässt die geistige Welt in Inspirationen ertönen und erschallen. Der Altar lässt nicht nur Bilder erstehen, er fordert zum inneren Miterleben, zum Fühlen heraus. Eine moralisch ausgerichtete Religion dringt bis in die astrale und devachanisch-geistige Welt ein, das heißt, sie überbrückt das nur seelisch-emotionale Erleben, in dem sie geistige Impulse und Kräfte darin einsenken kann.

Der Tempel, in ihm werden die sogenannten Zornes-Schalen ausge-schüttet. Darin zeigt sich der göttliche Willensbereich. Das Leiblich-Irdische soll hier auch vom Göttlichen aus gewandelt werden. Sogar der alte Tempel, in welchem die Menschheit in früherer Zeit noch Schutz und Richtung bekam, ist davon nicht ausgenommen. Der salomonische Tempel, als Beispiel, war noch gegliedert in Vorhof, Tempelinneres mit dem Rauchopfer-Altar und dem Allerheiligsten. Erstaunlicher Weise soll Johannes in der Apokalypse einen Tempel ausmessen, bei dem der Vorhof abgetrennt werden muss. In diesem Vorhof tummelt sich heute ja noch alles Mögliche an „naiver" Esote-rik, an Wellness, an Erleuchtungs-Angeboten, an Geschäftemacherei und vielfältigen Glücksversprechen. Dieser Vorhof wird im neuen Tempel ausgeschlossen. Dafür ist das Allerheiligste nicht mehr weggeschlossen. Beim Abendmahl war der Christus das Zentrum in der Gemeinschaft der Jünger, die um einen Tisch, dem neuen Altar, versammelt waren. Brot und Wein ist die neue Speise, also das, was von der Erde stammt und vom Menschen in heiligem Dienst dem Göttlichen zum Segen dargebracht wird.

An diesem Tempel können wir nur in Freiheit mit unserem eigenen Willen, mit eigener leiblich-seelisch-geistiger Arbeit bauen, jedoch nicht für uns allein. Willenskräfte, die sich mit dem Göttlichen ver-binden wollen, müssen sich entwickeln und steigern bis zur Intuition, zum Einleben in die Welt, in die inneren Kräfte der Welt, bis hin zum göttlichen Kern in den Mitmenschen und in die Weiten des Alls. Es gilt dabei, einen Menschheits-Tempel zu erschaffen. Dieser neue Tempel zeigt und fordert den Weg vom Buch, der heiligen Schrift zum Altar, dem gemeinsamen Tisch, an dem alle Menschen einge-laden sind, bis hin zum Allerheiligsten, dem neuen Gottesbund, der Mensch und Gott im Geist des Christus vereinen will und kann.

Was hält die Welt in ihrem Innersten zusammen? Nicht nur physisch, auch im Seelischen und im Geistigen. Dahinein mit unserem Willen, mit unserer Intuition. Einleben und Einswerden mit den Gottes-kräften, in sich und in der Welt, von Shakti bis Brahman, von der Erde bis zum Himmel, vom Leib bis zum Geist. Doch weit ist der Weg bis dahin. Die Liebe kann uns leiten. Sie ist die Kraft, die alles zusammenhält. Die Liebe Gottes will uns von Innen her, in unserem Willen leiten. Versperren wir uns dieser, werden wir sie als Kraft, als göttlichen Zorn erleben, der recht leidvoll unseren Eigenwillen aufbrechen wird. Ja, aus Liebe zu den Menschen, vor allem mit Kindern, muss man auch im persönlichen Bereich manchmal streng und fordernd sein, damit diese ihren Weg finden können.

Die Menschheit steht in unserer Zeit an einer Schwelle. Dem Geist des Toten, der Macht, dem Egoismus und Materialismus, dem Antichristen folgen oder den guten Geist in der Welt erkennen, ihn lieben und ihn durch sich wirken lassen, diese Entscheidung wird von jedem Menschen einmal verlangt. Dadurch kann sich aber auch eine Spaltung, eine Scheidung der Geister innerhalb der Menschheit vollziehen, da diese Entscheidung in individueller Freiheit getätigt werden muss.

Christus ist der Geist der Menschheit. Ahriman, der Antichrist, ist der schattenhafte Geist der kalten Intelligenz, der Lüge, der Verhärtung und des Todes. Soll Christus in uns zu wirken beginnen, müssen wir uns mehr und mehr mit der gesamten Menschheitsentwicklung verbunden fühlen. Nur so können wir selbst zum Tempel für den Christus-Geist gereichen. Denn Christus hat sich mit der Menschheit, mit jedem Einzelnen daraus, ganz verbunden, wenn viele heute auch noch nicht viel davon spüren. Doch, dass die Schwierigkeiten in der Welt inzwischen jeden betreffen, ist inzwischen schon sehr deutlich geworden. Heute sind die irdischen Probleme nämlich weltweit, global anzutreffen. Was ein Land betrifft, hat immer stärker auch Auswirkungen auf das Ganze. Daher ist ein Zurück zu nationalen Lösungen keine Alternative mehr. Mit den heutigen Problemen, Abgründen und Krisen müssen wir uns menschheitlich auseinandersetzen, sie anpacken, in dem wir Mitgefühl und Liebe zu allem entwickeln. Keine Flucht in Himmelswelten, in persönliches Glück und Erleuchtung kann ein Ausweg sein; da landen wir nur in luziferischen Gefilden des schönen Scheins.

Die Probleme weltweit, zum Beispiel die Flüchtlingskrise, die Energie- und Ernährungsfragen, der Umgang mit Rohstoffen wie überhaupt mit der Erde als Ganzem, können nicht mehr auf nationaler Ebene gelöst werden. Wir müssen ein Welt-Bewusstsein entwickeln. Eine kulturelle Auferstehung, eine Wiederbelebung der Wissenschaft, die sich dem Lebendigen öffnet und der Religion, die sich dem guten Geist hingeben will, ist nötig, damit sich der Glaube und das Wissen wieder verbinden können. Eine neue Wissenschaft, die sich dem Geist öffnet, ist kein Gegensatz zum Glauben, sondern kann diesen gerade noch stärken, so wie dies vor allem Rudolf

Steiner in seiner Geisteswissenschaft in vielfältiger Weise aufgezeigt hat.

Nicht nur die Wissenschaft soll global agieren, wir brauchen eine Globalisierung des menschlichen Geistes, eine weltweite Kultur des Humanismus, aus der neue Strukturen für das Zusammenleben von Mensch und Erde erwachsen können. Ein globaler, menschheitlicher Geist vermag die Schritte zu gehen, hin zu einer Weltkultur, in der das Teilen und Fördern im Vordergrund stehen soll. Dafür muss sich das kleine Ich, das sich an Äußerlichkeiten und inneren Süchten mästen will, nach und nach opfern können. Das höhere Ich beziehungsweise der Christus in uns, dafür dürfen wir diesen neuen Tempel bauen.

Das niedere, selbstische Ich, es opfert sich in Freiheit auf dem Altar der Liebe. Der menschliche Geist erfasst in Wahrhaftigkeit das Buch des Lebens, die Gesetze und Kräfte, die das All und unser Schicksal lenken und gestalten.

Das menschliche Ich entscheidet in Freiheit, diesen Weg zu gehen und bildet sich langsam und geduldig am Altar des Lebens um, damit der Christus, die innere Geistessonne beziehungsweise das höhere, das kosmische Ich in den Menschen bis in seinen durchchristeten Leibestempel einziehen und da erscheinen kann.

Aber nicht nur für den Einzelnen gilt dieser Weg. Die Erde als Ganzes, sie will umgestaltet sein, hin zu einem Menschheitstempel, hin zum sogenannten Neuen Jerusalem, zur neuen, zukünftigen Erde. Diese himmlisch-irdische Stätte wird in der Offenbarung beschrieben mit zahlreichen Maßen, mit Perlen und Edelsteinen, mit dem göttlichen Thron inmitten, auf einem gläsernen Meer stehend in der himmlischen Stadt. Darin zeigen sich letztlich Tugenden, Fähigkeiten und eine göttliche Verbundenheit, die die Menschheit auf dem langen Weg dorthin sich einmal erwerben wird. Entweder freiwillig, aus Einsicht und in guter Absicht oder aber durch die Schmerzen, die uns die Tiere aus dem Abgrund bereiten, bis wir endlich umkehren werden. Dies ist unsere Wahl.

Europa, der Islam und die Zeichen der Zeit

Wenn man ein Bewusstsein gewinnen will für das Gemeinsame eines vereinten Europa, das über nationale Kultur-Identitäten hinausgeht, ist es nötig, sich mit der Geschichte beziehungsweise der Kulturentwicklung Europas zu befassen. Dies kann hier aber nur sehr kurz und zusammenfassend dargestellt sein.

Aus Phönizien, dem Lande des Lichts, wurde die schöne Europa, das heißt übersetzt, die mit den weiten Augen, die mit der weiten Sicht, von Zeus, der sich am Meeres-strande in einen weißen Stier verwandelte, über das Meer nach Kreta entführt. So wird dies in der griechischen Mythologie geschildert. In Kreta zeugte er mit ihr drei Söhne, nach dem er sich wieder in seine göttliche Natur verwandelt hatte. Einer davon, der Minos, gründete dort eine neue Kultur, von wo aus die europäische Geistesgeschichte ihren Anfang nahm. Über die Ausformung und Gestaltung der Stadtstaaten Griechenlands, inspiriert durch die Göttin Pallas Athene, wie auch in der griechischen Philosophie, wurden die geistigen Grundlagen geschaffen, die bis in unsere Tage das Kulturleben Europas durchziehen. Im anschließenden römischen Reich wurden erstmals Rechte für den freien Bürger geschaffen, die teilweise noch bis heute gültig sind.

Mit dem Christus-Impuls, der in Palästina seinen Anfang nahm, kam die göttliche Garantie für die menschliche Freiheit in die Welt, das heißt mit anderen Worten, das Menschliche, die Attribute des freien Menschen, wie die Sittlichkeit, die Humanität, die Liebe zur Mit-Welt, sind zugleich auch göttliche Werte. Dieser Christus-Impuls wurde anfangs oftmals von den alten Machthabern und religiösen Führern bekämpft. Er breitete sich trotzdem aus, nicht so sehr über äußeres Missionieren, sondern viel eher durch ein inneres „Angesprochensein", durch einen seelisch-geistigen Impuls, der viele Menschen innerlich erfasste. Vor allem im Bereich des Keltentums wurde das Christentum, zum Beispiel durch die iro-schottischen Mönche, schon sehr früh aufgenommen, da die Keltenpriester durch ihre naturhellseherischen Fähigkeiten eine Veränderung der Erd-Aura wahrnahmen, die also den Christus-Einschlag in das Erdenwesen wahrnehmen konnten.

Das Grals-Christentum entstand damals aus der Verbindung östlicher, orientalischer Weisheit mit dem Impuls der Christuskraft im Mysterium des verwandelten Blutes, wie auch mit den keltischen Mysterien der Erdverbundenheit, das heißt mit den Lebenskräften der Erde. Im südlichen Rom jedoch wurde das Christentum zur Staatsreligion, das heißt, der Cäsaren-Impuls verband sich mit dem noch freien christlichen Ursprungs-Impuls zum Katholizismus, der sich machtvoll ausbreitete und vieles vernichtete, was nicht seinen Dogmen entsprach. Im neunten Jahrhundert wurde auf einem Kirchen-Konzil ein Dogma erstellt, das den Geist im Menschen abschafft. Der Mensch soll nur aus Leib und Seele bestehen, der Geist ist in der Kirche gegenwärtig. Frömmigkeit und die Glaubenskräfte, die zum Beispiel durch die vielen Gemälde und mittelalterlichen Gesänge hervorgerufen und gefördert wurden, waren somit die prägenden Kräfte während des Mittelalters für die europäischen Menschen, die dadurch in ihrem Gemüt das Christusleben in sich aufnehmen konnten.

Doch der menschliche Geist lässt sich auf Dauer nicht unterdrücken. Mit der Aufklärung und französischen Revolution befreite sich das Bürgertum allmählich von den kirchlichen Zwängen und der Willkür adliger Herrscher. Eine Ich-Entwicklung, eine Individualisierung schreitet somit seither immer stärker voran, wenn auch in den Weltkriegen des letzten Jahrhunderts, hervorgerufen durch Militarismus und Antisemitismus, versucht wurde, das Völkische und Rassenhafte, also die Blutsverbundenheit, über das freie Individuum zu stellen. Darin ist eine direkte Gegenkraft zu den Impulsen und Idealen des deutschen Idealismus zu sehen.

Die geschichtliche Entwicklung vollzieht sich meist in Pendelbewegungen – fortschreitende Impulse werden von hemmenden, rückwärtsgewandten behindert, bekämpft und manchmal auch zeitweise abgelöst, so dass diese sich immer erst wieder neu sammeln und stärken müssen.

Nach dem Zusammenbruch Europas im zweiten Weltkrieg kam es dann auch zu wunderbaren Verfassungen und Erneuerungen, die dem Menschen freie Rechte garantieren, die aber nicht naturhaft vorgegeben, sondern durch viele Leid und Opfer errungen worden sind. Das sollten wir nicht vergessen. Dafür muss man immer wieder einstehen und versuchen, diese Errungenschaften noch weiter zu auszubauen.

Heute wird der Geist des Menschlichen vor allem bedrängt durch einen geistigen Materialismus, aus dem sich ein kranker Egoismus gebiert, der alle Lebensgrundlagen zu vernichten droht, wenn er nicht überwunden wird. Der Intellektualismus wird an ein Ende geraten, wenn er sich nicht verwandeln, erweitern kann, hin zu einer neuen mythologischen Betrachtung, hin zu inneren lebendigen Bildern und Visionen, die zur Seele sprechen, da die Seele in Bildern lebt und durch diese gesunden kann und nicht so sehr in intellektuellen Gedanken, die nur das Tote, Mechanische und Physische erklären können. Soll das Seelische nicht verhärten und verdorren, braucht sie lebendige Bilder, Symbole, Mythen und Imaginationen, die Nahrung für die Seele sind. Dabei hat die Kunst, das künstlerische Schaffen eine wichtige Aufgabe.

Für die Zukunft brauchen wir ein neues Bewusstsein, ein imaginatives Bewusstsein, damit wir folglich auch die Bilder der Apokalypse verstehen lernen, zum Beispiel das Weib, das mit der Sonne bekleidet ist, die den Mond unter ihren Füßen hat und die Sterne über ihrem Haupt trägt. So erscheint die himmlische Mutter als Seelenbild. Jede menschliche Seele ist davon ein Abbild, das heißt, die Kräfte der Sonne, des Mondes und der Sterne können auch in der menschlichen Seele wirken und reifen, damit die Seele in sich selbst zur Ganzheit gereichen kann.

Es gilt ja in unseren Tagen vor allem auch, das geistige Europa zu stärken. Und das Weibliche spielt dabei eine besondere Rolle: Europa, Pallas Athene, Demeter, Maria, Sophia. Das sind verschiedene Namen für die weiblich-göttliche Kraft, die der Seele Europas ihren geistigen Inhalt schenkt und bewirken kann. In der Offenbarung wird geschildert, wie dieses Weibliche schwanger ist, ein Kind gebären will, das jedoch vom Drachen verfolgt wird, weil er es verschlingen will. Das höhere Ich des Menschen ist das „Kind", ist das neue geistige Glied, das sich in der Menschheitsentwicklung herausbilden will. Es wird vor dem Drachen in den Himmel entrückt. Das Weib flieht in die Wüste, das heißt, die Seele muss den schweren Erdenweg beschreiten. Vielfältige Angriffe versuchen dieses Ich, dieses „Kind" zu korrumpieren, sei es durch Rausch, Sinneslust, Gier, Auflösung, Vereinnahmung und Verleugnung.

Jedoch, auch das seelisch-geistige Europa wurde immer wieder angegriffen und bekämpft, im Mittelalter vor allem von den Osmanen und den Hunnen wie auch anderen retardierenden Kräften im Innern, die in der Inquisition und den Ketzerverfolgungen geistige Impulse zunichte machen wollten. Dabei gab es aber auch immer wieder fruchtbare und inspirierende Begegnungen mit den fremden Kulturen des Orients, vor allem auch auf spirituellem und künstlerischem Gebiet.

So will ich hier eine kurze Geschichte des Islam anführen, da dieser uns heute wieder „bedrängt" beziehungsweise herausfordert, sich damit tiefergehend zu befassen.

Der Prophet Mohammed wurde 570 n. Chr. in Mekka geboren. Mit vierzig Jahren erhielt er Visionen von „Allah", so dass er zum religiösen Führer einer neuen Geistigkeit wurde, wo im damaligen arabischen Raum vor allem naturverbundene, arme Nomadenvölker lebten mit den unterschiedlichsten Glaubensrichtungen, zumeist bestehend aus rituellen Kulten und der Verehrung bestimmter Naturgeister.

Jedoch gab es damals in persischen und anderen orientalischen Städten, beispielsweise in Bagdad, eine sehr hohe Gelehrsamkeit und Wissenschaft, wie auch in der Schule von Gondishapur, die aus der griechischen Geistigkeit und Philosophie eine sehr frühe Verstandes-Entwicklung und Naturwissenschaft entwarfen, die den damaligen Ländereien Europas in der Medizin und Technik weit überlegen waren. Europa musste damals noch vor solcher Geistigkeit geschützt werden, da sich zuerst eine innerseelische Gemütsbildung heranbilden sollte, damit in späterer Zeit der kalte Intellekt auf ein warmes Seelenleben treffen konnte, das diesem einen gewissen Ausgleich bietet. Damit dieser Intellektualismus etwas abgemildert werden konnte, war vor allem auch die Aufgabe des Islam, der in früher Zeit noch mehr in Gesängen, in Poesie und Dichtung gelehrt wurde als in religiösen Verhaltensregeln, die heute maßgeblich das Bild des Islam bestimmen. Ein mystischer Islam, wie im Sufismus, hatte dann auch immer eine große Anziehung auf europäische Gelehrte, beispielsweise auf Goethe und viele andere, die eine geistige Begegnung damit als sehr fruchtbar für das eigene Seelenleben erfuhren. Doch zurück zur Geschichte des Islam.

Im Jahre 622 n. Chr. lebte Mohammed mit seinen Getreuen noch in Medina, wo er auch zum politischen Führer auserkoren wurde. 623 n. Chr. begannen seine Feldzüge gegen Mekka und in den Jahren danach begann eine militärische Ausbreitung bis zum Tod Mohammeds im Jahre 638 n. Christus. Er war von da an also religiöses und politisches Oberhaupt seiner Gemeinde, der Umma. Nicht nur religiöse Regeln waren seither maßgebend, sondern auch welche für das

tägliche Leben in der Welt. Das religiöse Gesetz wurde zum politischen und gesellschaftlichen Handeln erweitert, war also nicht nur eine moralische Angelegenheit. Darauf beruht ursprünglich die Idee eines „Gottesstaates". „Gott" soll bestimmen, wie der Mensch zu leben hat. Eine individuelle Freiheit ist darin nicht vorgesehen. Das Gemeinwesen, die Umma, steht über dem Einzelnen.
Mohammed als politischer Führer war auch grausam in seinen Schlachten. Das widerspricht dem Geist des Humanismus, wie er sich in neuerer Zeit in Europa herausgebildet hat.
Seine Nachfolger führten sein Werk weiter. 638 n. Chr. ist Jerusalem gefallen. 660 n. Chr. kam es zum Bruch zwischen Sunniten und Schiiten, der bis heute andauert.
Im Jahre 711 n. Chr. kam es zu einer Invasion, Konfrontation und Begegnung mit nordafrikanischen Muslimen, den Sarazenen und Berbern mit „Europa" in Spanien. In dieser Zeit gab es zahlreiche fruchtbare Kultur-Impulse, die daraus hervorgingen, vor allem für die Grals-Strömung, wie dies zum Beispiel im mittelalterlichen Epos: Parzival zu erkunden ist. Auch am Hofe Karl des Großen kam es zu interessanten Kontakten mit der orientalischen Kultur. Ab 1095 n. Chr. begannen jedoch die Kreuzzüge der Christen in das heilige Land, die einige Jahrhunderte dauerten, durch die es viel Kampf und Leid, aber auch manche Handelsbeziehungen und Kultureinflüsse gab, die maßgebend für das mittelalterliche Europa waren. Die damalige Geistigkeit des Orients war in vielen Bereichen der Wissenschaft und Bildung den bäuerlichen und mönchischen Lebensweisen in Europa überlegen. Im Jahre 1529 n. Chr. kam es zur Belagerung Wiens, 1683 zu einem Osmanen-Einfall. Die Christenheit, die christliche Glaubenskraft, das religiöse Lebens war damals noch recht stark und konnte sich noch schützen vor dem Missions- und Eroberungseifer moslemischer Attacken. Lange Zeit danach kehrte in der äußeren Geschichte eine gewisse Distanz und Ruhe ein, außer durch die europäischen Geistsucher, die immer noch einem geistvollen Orient zugetan waren.
Äußerlich gesehen kam es erst im 20. Jahrhundert zu erneuten Begegnungen. 1914 entstand die erste Moschee auf deutschem Boden. Der Sufi-Orden unter Hazrat Inayat Khan, einem orientalischen Mystiker und Eingeweihten berührte westlichen Boden. Im Nationalsozialismus gab es einige Berührungen, vor allem seitens von Himmler, der in den Juden einen gemeinsamen Feind mit den

Moslems ausmachte. Nach dem zweiten Weltkrieg missionierte die islamische Ahmadiya Muslim Jamaat Schule, die auch heute noch tätig ist und eine mehr moderate aus Pakistan stammende Form des Islam darstellt. Jedoch wird auch da das zentrale Bekenntnis der Christen, nämlich die Auferstehung geleugnet, da Jesus angeblich in Kashmir beerdigt sein soll.

1956 entstand in Hamburg die erste Nachkriegs-Moschee. Heute leben in Deutschland 5% Moslems. Nach den Terror-Anschlägen von New York am 11. September 2001 wird die Gefahr eines radikalen Islam verstärkt wahrgenommen.

Insgesamt lässt sich sagen, dass der Islam kein einheitliches Gebilde darstellt. Zahlreiche Zersplitterungen und verschiedenartige Gruppierungen haben sich heran entwickelt, wobei das mystische Element, so wie es im Mittelalter noch viele Geistsucher Europas angezogen hat, die also vom Okzident in den Orient pilgerten, heute recht schwach geworden ist und oftmals sogar noch von den islamischen Fundamentalisten verfolgt wird, zum Beispiel eben die Sufisten. Dafür wurde der dogmatische, nach Außen gerichtete Islam zu stark – bis hin zum Bestreben eines fundamentalistischen und militaristischen Gottesstaates, der natürlich eine Gefahr für den Weltfrieden darstellen kann und der oftmals von Politikern zum Erreichen eigener Macht missbraucht wird.

Zusammengefasst betrachtet kann aus den geschichtlichen Entwicklungen ersichtlich werden, dass die europäische Geistesentwicklung, die über Jahrhunderte sich heranbildete, so leicht nicht von Moslems in kurzer Zeit nachgeholt werden kann. Eine wirkliche Gemeinschaft, eine geistige Verbrüderung kann sich daher in unseren Tagen nur schwer ausbilden. Ein friedliches Nebeneinander wäre daher heute schon als ein guter Fortschritt zu bezeichnen. Denn man muss bedenken, dass die zahlreichen Kämpfe in den Kreuzzügen der Christen und in den Angriffen der Moslems auch eine kollektive karmische Schuld bewirken, die unterschwellig das heutige Zusammenleben in diffusen Ängsten und Ablehnungen beeinträchtigen kann. Hier geht es also zunächst um einen Schicksalsausgleich beziehungsweise um eine kollektive Schicksalsheilung. Da sind dann alle Bestrebungen eines friedlichen Zusammenlebens, jeder auf seine Weise, zu begrüßen. So kann sich wahrscheinlich erst langsam eine Annäherung und ein gegenseitiges Verstehen ausbilden, das Schicksalskräfte ausgleichen hilft. Zudem ist zu berücksichtigen, dass das Christentum 600 Jahre älter ist als der Islam. Vor 600 Jahren herrschte in Europa noch der dreißigjährige Krieg zwischen Katholiken und Protestanten. Diese Spaltung bricht im Islam in neuerer Zeit vermehrt zwischen den Sunniten und Schiiten aus. So zeigt die heutige Zeitlage vielerorts ein recht düsteres Bild. Hoffnung bereiten können da einige Gelehrte und Schriftsteller, die einen moderaten und spirituell ausgerichteten, inneren Weg im Islam vertreten, denn da gibt es viele Gemeinsamkeiten mit den spirituellen Werten auch bei uns, weil diese Werte universell sind, also alle irdisch ausgerichteten Religionen überhöhen. Nur sind das noch recht zarte Keime, die jedoch gefördert werden sollten.

Die apokalyptischen Posaunen erschallen. Dies ist nicht mehr wegzuleugnen. Sie zeigen die seelisch-geistige Ebene der Menschheits- und Welt-Entwicklung. Mit der sechsten Posaune wird ein Drittel der Menschheit getötet. Der Mensch besteht aus Körper, Seele und Geist. Ein Drittel, der Geist wurde negiert, ursprünglich im 9. Jahrhundert durch die katholische Kirche. Seither musste das esoterische Grals-Christentum unter großen Anfeindungen und Opfern mehr im Verborgenen wirken. Der Gral ging in den Osten, an geheime Orte. Europa wurde zu materialistisch, da konnte er nicht mehr verweilen, so lehrt es die Grals-Geschichte. Feirefis, der moslemische Halbbruder Parzivals, sie hatten einen gemeinsamen Vater. Feirefis vermählt sich mit Repanse de Schoye, der Gralsträgerin und geht mit ihr nach Osten, woraus das Wirken des Priesterkönigs Johannes entspringt. Dies ist ein Wahrbild für die Zukunft des Grals-Christentums.

Im Islam zählt vor allem die Gruppe, die Umma, nicht der Einzelne. Im Westen haben wir zumeist ein aufgeblähtes Ich, das sich im Egoismus verliert. Parzival kämpfte lange mit seinem maurischen Halbbruder Feirefis, bis sie sich gegenseitig als Brüder erkannten. Feirefis ist von schwarz-weißer Hautfarbe, die Mutter war eine dunkelhäutige Königin. Symbolisch gesehen zeigt die Farbe Schwarz das Leibliche, das Weltliche und Weiß das Geistige. Bei Feirefis wirkt das Irdische und das Geistige also durcheinander, ineinander, wie eben auch die Religion, das religiöse Gesetz in das Weltliche einwirken will in islamisch geprägten Ländern und Standpunkten. Andererseits lässt sich in diesen beiden Archetypen auch ein Kampf der Bewusstseinsseele (Parzival), die auf das selbstständige Ich gründet, mit der Empfindungs- und Gemütsseele (Feirefis), die noch stärker von „Oben" geführt sein will, erkennen. Jedoch, sie müssen nicht als Gegensatz erlebt werden, denn ein warmes Gemüt kann einem klaren und weisen Bewusstsein, das die Zusammenhänge erkennt, erst die richtige Seelenkraft verleihen, um damit die Welt durchdringen und verwandeln zu können. Zusammen haben sie nämlich auch eine gemeinsame Aufgabe, nämlich den einseitigen Intellektualismus, den reinen, kalten Verstand, der nur das rationale und Nützliche anerkennt, den sogenannten Arabismus zu verwandeln.

Der Arabismus entstand vor der Zeit des Islam im 1./2. Jahrhundert vor Christus und hatte seine hohe Zeit im 3. nachchristlichen Jahrhundert. Er nahm die griechische Philosophie auf, zum Beispiel in der Akademie von Gondishapur und entwickelte damals schon eine enorme Klugheit, mit der dir ganze Welt überschwemmt werden sollte. Die Verstandes- und Bewusstseinsseele ohne Gemütsbildung bleibt kalt, wirkt vergreisend und abbauend. Also ist daraus folgend auch eine Durchseelung der Wissenschaft angesagt, wie sie beispielsweise Goethe in seiner sinnlich-sittlichen Naturanschauung praktizierte, der ja bekanntlich ein großer Bewunderer der orientalischen Mystik, Kunst und Lebenshaltung war.

Hohe Gelehrsamkeit, aber ohne Gemüts- und Seelentiefe, entstand damals im arabistischen Orient und sollte von da aus viel zu früh die europäische Kultur überschwemmen. Diesen arabistischen Impuls milderte der Islam ab, in dem er die Menschen auf religiöse Gebote und Verhaltensweisen beschränkte, aber auch durch die islamische Mystik, durch das Singen und Verinnerlichen der Koranverse, durch Poesie und Kunst, die das seelische, gemüthafte Innenleben bereichern. Islam heißt schließlich: Gottergeben.

Eine Seeleninnerlichkeit, also auch der Glaube, muss und kann sich heute wieder mit dem Wissen, mit den Erkenntniskräften in der Bewusstseinsseele verbinden, wenn sich das Erkennen über rein naturwissenschaftliche Gesetze und Bereiche hinausbewegt, hin zu lebendigen, seelischen und geistigen Sphären des Seins.

Dies vermag vor allem ein johanneisches Christentum, so wie dieses im Johannes-Evangelium und in der Offenbarung veranlagt ist. Der christliche Einweihungsweg beinhaltet unter anderem auch die Stationen des Leidens, der Schmerzen, des Sterbens und des Todes, sowie der Auferstehung und der Himmelfahrt. Erst an der Todesschwelle können wir ganz zum wahrhaft Liebenden werden. Die

Liebe vermag es allein, über den Tod hinaus zu wirken. Sie kennt keine Grenzen. So spielt auch in allen mystischen Schulen und Traditionen der mystische Tod eine große Rolle, wo es darum geht, den „alten Adam", den niederen Menschen sterben zu lassen, damit der höhere Mensch geboren werden kann.

In dieser erweiterten Dimension des religiösen Lebens ist der Islam eine Bruderreligion zum Christentum, wie auch zum Judentum, das in seiner kabbalistischen Strömung, ähnlich wie im Islam dies der Sufismus praktiziert, eine mystisch-metaphysische Seite aufweisen tut. Wird diese innere, esoterische Seite des Religiösen nicht genügend ergriffen, wenn also nur noch ein Dogmatismus übrigbleibt, liefert man sich den dunklen Kräften aus, die beispielsweise im 4. Siegel der Offenbarung beschrieben sind. Dieses Siegel zeigt das fahle Pferd, den Geist des Arabismus.

„Der Name des Reiters heißt der Tod, und das Reich der Toten ist sein Gefolge. Ihnen ist Vollmacht gegeben über ein Viertel der Erde, sie dürfen töten mit dem Schwert, durch Hunger und Tod und durch die Tiere der Erde".

Ein Viertel der Erde, das ist der Bereich des Lebendigen, des Ätherischen. Der Geist des Arabismus, des fahlen, unlebendigen Denkens, ist schon lange in die Naturwissenschaft eingezogen. Verbindet sich dieses abstrahierende, kalte Denken in der Technik mit Machtansprüchen, mit dem Schwert und mit egoistischen Trieben, mit dem Tierischen, so kann nur Tod und Zerstörung die Folge sein.

Somit kann aus den karmischen Begegnungen, die sich heute vor allem über die Migrations- und Flüchtlingsströme ergeben, eine gemeinsame Zukunftsaufgabe erwachsen, wenn die spirituelle Dimension dieser großen Herausforderung für Europa und letztendlich für die ganze Welt gefunden wird. Es geht darum, gemeinsame Werte, also auch den Geist Europas zu finden, wenn man in Europa heimisch werden will.

Die Weisheit Gottes, die Maria-Sophia im Christlichen, die Shekinah im Judentum, darin ist die Verbindung vom Christentum zum Judentum geistig vorgegeben. Wo ist aber das göttlich Weibliche im Islam? Er tritt heute doch sehr maskulin auf. Das Weibliche gehört zu einer Ganzheit aber gleichberechtigt hinzu. Wo findet der Moslem den Geist des Weiblichen, vielleicht vermehrt in Europa?

Maria, die Mutter Jesu, wird im Islam anerkannt und verehrt. Viele

Flüchtlinge aus den arabischen Ländern hegen eine große Hoffnung auf die deutsche Bundeskanzlerin. Dass sich Menschen aus einer männlich geprägten Kultur an ein weibliches Staatsoberhaupt bittend und dankend hinwenden, ist schon ein geschichtliches Novum, dessen symbolische Bedeutung man nicht unterschätzen sollte.

Eine Menschheits-Religion, also eine Wahrheit, die über allen Religionen steht, ist im Grals-Impuls geistig angelegt, der Ost und West, sowie Weibliches und Männliches miteinander verbinden kann, so wie dies Feirefis und Repanse de Schoye in der Grals-Literatur zukunftsweisend aufzeigen. Der männliche Geist des Islam verbindet sich mit dem Weiblichen in einer „Welt-Religion", in der die guten Kräfte aller Religionen zusammen kommen können. Es geht also vor allem um eine innere Begegnung und Verbindung mit dem Orient, wie auch umgekehrt der Moslem die inneren Werte eines christlich-spirituellen Europas suchen kann. Religion ist dabei letztlich Liebe, ist Nahrung, ist Erotik, ist Hingabe, Andacht, Vertrauen, ist Poesie und Kunst.

Dadurch ersteht eine spirituelle Kraft als ein Gegengewicht zum ahrimanisierten Materialismus unserer Tage, der nur noch Tod, Krieg und Versklavung bewirken kann.

Dabei darf man aber nicht nur auf das Böse und Abgründige hinstarren. Dieses fordert uns vor allem auf, das Gute zu suchen und zu tun. Im Islam verlangen die Banken zum Beispiel keinen Zins; das ist doch zukunftsweisend für die ganze Welt.

Ein neuer Humanismus will erstehen, der völker- und religionsübergreifend ist. Ein guter Wille ist dabei entscheidend, nicht, dass wir schon alles können müssen. Auch muss die Welt nicht sogleich dem göttlichen Willen entsprechen, so wie dies der Christus in den Evangelien angedeutet hat: „Gebt Gott was Gottes ist und dem Kaiser was des Kaisers ist". Hier ist ganz klar auf das säkulare Prinzip verwiesen.

Die Welt, also auch unsere Erde, sie ist von Gott in die Verantwortung des Menschen gelegt worden. Wir sollen sie nach unserem Vermögen und Erkennen gestalten lernen. Dabei lernt der Mensch in Freiheit aus seinen Fehlern und Versäumnissen und erfährt so allmählich den Aufbau der Welt aus göttlich-geistigen Gesetzen und inneren Welten heraus. Gott hat dem Menschen Verantwortung übertragen. Dies ist mit einem Reifeprozess verbunden, den der Moslem irgendwann genauso zu gehen hat, wie der Christ, der vielleicht schon, zeitlich gesehen, etwas fortgeschrittener, also eine höhere „Klassenstufe" in der individuellen Freiheits-Entwicklung erreicht hat, dafür aber auch mehr Verantwortung tragen muss. In zukünftiger Zeit wird dann der „Herrscher" beziehungsweise der Verwalter der Erde, der erkenntnisreiche und geistig erwachte Mensch zu einem Priesterkönig im Sinne des Grals gereichen. Er wird dann zum göttlichen Priester, Lehrer und weltlichen „Herrscher", zum König in der Welt und über die Welt, auch über die eigene Innerlichkeit. Und dies aus Gottes Gnaden, aus Gottes Einsicht, Weisheit und Liebe heraus. Nicht mehr aber nur als ein Prophet und Weiser, der vom Göttlichen inspiriert ist, sondern durch die Vergöttlichung des Menschen selbst, also durch die Einheit von Gott und Mensch im Menschen selbst.

Dies ist natürlich ein sehr weites und fernes Ziel. Die heutige Wirklichkeit ruft vielmehr zur Transformation im Geist eines guten Willens, auf den es ursächlich immer mehr ankommen wird.

Der göttliche Wille wird in der Apokalypse bildhaft in den Zornes-Schalen ausgedrückt. Die Liebe Gottes erscheint als „Zorn", wenn sie nicht vom Menschen angenommen wird. Die Liebe verwandelt alles in uns, wenn wir uns ihrer nicht verschließen – auch das Negative, das Herabsetzende, das Verurteilende, das Ausgrenzende und das Ausbeutende. Dieses Negative muss sterben beziehungsweise muss es in einem guten Willen gewandelt, transformiert werden, damit die Liebe zu wirken beginnen kann. Bleiben wir im Negativen verhaftet, müssen die Zornes-Schalen folgen, damit die Tiere, die Drachenkräfte aus dem Abgrund begrenzt und besiegt werden können, die das menschliche Ich, die das Gute im Menschen, die den freien, sich selbst bestimmenden und erkennenden Menschen vernichten wollen.

Der Kern in allen Religionen und Geistesströmungen ist überall gleich. Die Liebe, die Weisheit, die Güte und Barmherzigkeit, sie dürfen im Menschen verinnerlicht, eigen gemacht werden. In diesem Geist wird Europa bestehen. Das Menschliche wird siegen, wenn wir Menschen uns zu diesem Geist bekennen, jeder für sich. Das kann uns keine Religion abnehmen.

Wird jedoch das religiöse und spirituelle Leben geschwächt, wie heute vor allem in der westlichen Welt durch den zunehmenden Materialismus und Atheismus, so müssen andere Religionen, wie in heutiger Zeit vor allem der Islam, aber auch der Buddhismus und zahlreiche östliche und schamanische Geistesströmungen hinzukommen und ausgleichen, damit die Waagschale nicht zu sehr in eine Richtung kippt. Denn dann müssten Katastrophen folgen.

So kann man durchaus von einer Notwendigkeit der religiösen Begegnungen und Verbrüderungen sprechen, denn gemeinsam sind wir stärker, so stark, um den Niedergangs-Tendenzen Auftriebs- und Zukunftskräfte entgegensetzen zu können. Im guten Geist, in Gott oder wie man diesen guten Geist auch nennen will, finden sich alle Religionen und spirituellen Strömungen letztendlich wieder.

Diese Zukunft, diesen Ausblick können, dürfen und sollen wir heute schon vorbereiten, sonst gibt es vielleicht überhaupt keine Zukunft mehr, zumindest nicht im Sinne des Guten, des Lebens- und Liebevollen, das letztlich den Kern, den Sinn und das Sein im Menschen ausmachen kann, will und soll.

Ein Nachwort

Wenn man die moralisch schlechten Taten und Werke betrachtet, die sich überall leider sehr stark in die Welt ergießen, ist es sicherlich notwendig, durch gute Taten einen gewissen Ausgleich zu schaffen. Diese gibt es zahlreich, auch wenn sie in den Nachrichten der Medien meistens nicht zu finden sind. Doch reicht dies schon aus, um den wachsenden Problemen eine Hilfe und Wendung bescheren zu können?

Gewiss ist es nötig, auch wenn dies heute nur in recht kleinem Maßstab möglich ist, sich für ein alternatives Geldsystem, sich für eine biologische Landwirtschaft, wie überhaupt für die Erde, wie auch für die Notleidenden, für alternative Lebens- und Bildungseinrichtungen, für geistige Freiheit und individuelle Gestaltungsmöglichkeiten und vielem mehr einzusetzen.

Das Hauptproblem ist aber unser Denken, ist das Menschen- und Weltbild, das die Mehrheit der Menschen noch in sich tragen. Denn daraus entspringt letztendlich unser Streben, unser Verhalten und unsere Taten. Das heutige materialistisch ausgerichtete Denken prägt immer noch unser aller Sein, die Kultur, die Wirtschaft, die Politik, die Medien bis in viele persönliche Bereiche hinein.

Ein geistiger Materialismus, eine naturwissenschaftlich-materialistische Weltanschauung wird vielfach schon sehr früh in den Schulen vermittelt. Eine Vererbungslehre und ein Biologismus lässt den Menschen aus dem Tierreich entstehen, so dass der Mensch nur eine Weiterentwicklung des Tierischen ist, zumindest wird es so behauptet. In der Schule des geistigen Materialismus ist der Kosmos tot, nur aus mechanischen, physikalischen und elektromagnetischen Kräften zusammengesetzt. Der Mensch darin ist ein Zufallsprodukt der Evolution, ohne erkennbaren Sinn, ohne Ziel und Weg.

Jedoch, ohne ein geistiges Menschenbild, ohne eine geistig-moralische Welt, die ihren Daseinsgrund in göttlich-geistigen Welten findet, muss der Mensch verrohen, vertieren, bis dahin, dass er zu bestialischem Handeln neigen kann oder er stürzt sich immer mehr in künstliche, virtuelle Welten hinein, die ihn ablenken von den Aufgaben, die das Leben stellt.

Die Zahl des Tieres, das in der Apokalypse aus dem Abgrund steigt, ist die 666. Sie macht sich heute überall bemerkbar, sogar auf

Autokennzeichen wird sie von nicht wenigen Zeitgenossen gewählt. Ob die wohl wissen, welchen Geist sie da anrufen?

Eine zeitliche Vollendung geschieht im Rhythmus der Sieben. Die 666 kommt also kurz vor Vollendung eines Rhythmus, eines Zeiten-Ablaufs zur Erscheinung. Leben wir im Rhythmus der vollendeten Zeit, also in der Siebenheit, in welcher der Durchbruch zur Ewigkeit in der Zeit gefunden werden kann, oder eben noch nicht, wenn wir nur einmal den heutigen Umgang mit der Zeit betrachten: „Ich habe keine Zeit …, ich bin in Eile, im Stress …" und so weiter. Trotz allem technischen Fortschritt, der uns viele Arbeiten abnimmt, muss alles nur noch schneller und besser gehen. Ein großer Raub der Zeit, eine Versklavung durch die Zeit, auch vor den Bildschirmen, findet statt, für menschliche Zuwendungen, für Ruhe und Besinnlichkeit, für Muse und Andacht findet man immer weniger beziehungsweise immer schwerer Zeit.

Die geistige Entwicklung beziehungsweise der geistige Mensch entwickelt sich, wie gesagt, im Rhythmus der Sieben. Die sieben Tage der Woche, die Sieben-Jahresschritte im Lebenslauf, die sieben Qualitäten der Seelenentwicklung anhand der sieben Planeten und so weiter. Diese zeitlichen Rhythmen sind, wenn man sich qualitativ darauf einlässt, ein Heilmittel für unsere Zeit, die immer kurzatmiger und hektischer wird. Überhaupt ist der bewusste Umgang, zum Beispiel mit Pausen und mit dem anschließenden Tätigsein, mit Ruhe, Stille, Andacht und Frömmigkeit eine Bereicherung, denn daraus können neue Kräfte geschöpft werden für ein sinnvolles Tun.

So kann jeder Einzelne dahin gelangen, sich klar und bewusst zu werden, wie er mit sich und seiner Lebenszeit umgehen will. Entweder wird er von äußeren Zwängen und Sachlagen getrieben oder er findet in sich, in seinem geistigen Wesen einen Ruhepol, von dem aus er sein Leben neu gestalten lernt. Wir müssen also eine Stellung beziehen und einnehmen können, einen Stillstand, einen neutralen Raum, der keine Auswirkung auf das Leben hat, gibt es nicht. Entweder wir entwickeln uns mit fortschreitenden geistigen Impulsen und Zeiten-Rhythmen oder wir verlieren das Gefühl für die inneren Qualitäten der Zeit und leben nur noch mechanisch, getaktet, automatenhaft vor uns hin und füllen die verlorenen inneren Kräfte mit vielen Ablenkungen und Zerstreuungen aus, so wie dies als „modernes" Leben gerne angepriesen wird.

Wir stehen vor sehr großen Problemen und daher auch vor wichtigen

Entscheidungen. Eine Geistigkeit wird verlangt, die den Menschen nicht nur als Produkt der Erde, als Produkt der biologischen Abstammung erklärt, sondern der aus geistigen Welten entstammt und sich erst allmählich in der irdischen Welt verkörpert hat. Natürlich innerhalb der Evolution; das Biologische ist der Raum, ist der Leib, den sich der Geist erschafft und in dem er sich selbst erkennen und entwickeln kann. Dies sind Schritte, die wir im Denken vollziehen müssen. Entweder wir bleiben im Tierischen, in der 666 stecken mit allen Abgründen oder wir finden den lebendigen Geist, eine michaelische Geistigkeit, die unser Zeitenschicksal lenken und gestalten kann.

Eine Scheidung der Geister vollzieht sich zunehmend immer mehr. Einige Menschen werden in ihrem Bewusstsein die Schwelle überschreiten in die Reiche des Geistes, andere werden von den Tieren aus dem Abgrund gefangen gehalten. Der Zeitgeist Michael ist der Schwellenhüter zur geistigen Welt hinein. Zu ihm dürfen wir uns bekennen und uns hinwenden lernen.

In der Apokalypse steht Michael mit einem Bein auf dem Meer, mit dem anderen auf dem Land. Davor erscheinen jedoch die beiden Tiere aus dem Abgrund. Das Tier aus dem Meer mit sieben Köpfen, zehn Hörnern und zehn Kronen darauf ist Luzifer, der Leviathan oder Teufel. Er will das Seelische mit Leidenschaft, Selbstsucht und Egoismus überschwemmen. Das Tier, das aus der Erde aufsteigt hat zwei Hörner. Es ist die 666, Ahriman, Satan, der Antichrist. Er greift alles Lebendige an und will nur das Kalte, das Tote und Berechenbare anerkennen. Sein Wirken und Herannahen ist heute überall in der Welt zu erkennen. Er treibt in Abhängigkeiten, in Unfreiheit und Versklavung hinein.

Diese beiden Tiere, die heute vermehrt aus dem Abgrund emporsteigen, weil wir menschheitlich gesehen, näher an die Schwelle zur geistigen Welt herankommen, sie bilden quasi die Schwelle zum Übersinnlichen, zu Michael, der mit der Waage in seinen Händen die Mitte, den Ausgleich herbeiführen will. Michael verbindet das Himmlische mit dem Irdischen, er trägt die kosmische Weisheit in das irdische Leben hinein und er schützt die himmlischen Reiche vor unreifen Eindringlingen. Im Menschen wirkt er so, dass Herz und Haupt sich harmonisch verbinden, dass der Geist die Seele befruchtet und die Seele den Geist, damit der Mensch eine Ganzheit, eine Einheit von Leib, Seele und Geist in sich entdecken kann.

Der Erzengel Michael trägt die Geistes-Sonne in seinem Antlitz, das heißt, sein Bewusstsein ist vom Sonnengeist des Christus durchströmt. Dadurch kann er den Drachen in Schach halten. Nicht, dass er gewaltsam dagegen ankämpft, wie dies auf früheren Gemälden öfters zu sehen ist. Wenden wir den Blick zum Guten, zum Lichtvollen hin, so wird das Dunkle seine Macht verlieren.

Die Sonne vertreibt die Dunkelheit. Diese geistige Sonnenkraft dürfen wir auch in uns entdecken. Sie will uns durchleuchten, erleuchten, damit ein lichtvoller Friede in uns erstehen kann. Diesen Frieden können wir in die Welt tragen; dieser Friede polarisiert nicht in Krieg und Friede, er grenzt nicht aus, er nimmt an, in sich und in der Welt und er will seine Kraft verschenken, überall hin. Der Friede darf alles umhüllen und segnen, auch das Hasserfüllte, das Falsche und das Böse.

Der Friede, der vergeben und verzeihen kann, der sich mit allem aussöhnen kann, ist stärker als der Hass. In diesem Geist wird Europa und die Welt eine gute Zukunft haben.

Ein vereintes Europa wird vor allem getragen von einem Friedens-Impuls, entstanden aus den fürchterlichen Abgründen der vergangenen Kriege. An diesen Impuls dürfen und sollen wir wieder anschließen, ihn verstärkt ins Bewusstsein heben und ihn so erweitern, dass er zu einer führenden Kraft in der ganzen Welt, für die ganze Welt gereichen kann.

In diesem Sinne können die dramatischen Ereignisse unserer Zeit gewendet werden, hin zu mehr Menschlichkeit, zu mehr Liebe und zu mehr Vertrauen zu den helfenden Geistern, die uns immer beistehen werden, wenn wir uns zu ihnen bekennen.

Dazu möge diese hier vorliegende Schrift eine Hilfe sein.

So möchte ich diese Zeilen mit einem Gedicht von Conrad Ferdinand Meyer beschließen, die in kurzer und poetischer Weise das ausdrücken, um was es im letzten Sinn im Umgang mit den Problemen und Schwierigkeiten geht, die uns die Zeiterscheinungen auferlegen.

> „Lass dem Bösen seinen Lauf
> Baue stets das Gute auf
> Wenn das Gute einmal steht
> Böses von allein vergeht"

Vielen Dank noch an dieser Stelle dem geneigten und wohl-
wollenden Leser - mit den besten Wünschen für ein fruchtbares
Anwenden und Gelingen der hier dargebrachten Gedanken und
Impulse.

Franz Weber, Freiburg Ostern 2016

Literaturverzeichnis

Fred Poeppig: Das Lukas-Evangelium
                - Yoga oder Meditation
Emil Bock: Apokalypse
Otto Julius Hartmann: Medizin-pastorale Psychologie
Hans Werner Schroeder: Das Gebet
Dion Fortune: Selbstverteidigung durch Psi
Kurt Tepperwein: Die Heilkraft der Intuition
Artur Schult: Dantes Divina Commedia als Zeugnis der
                Tempelritter-Esoterik
Uwe Burka: Eine zukunftsfähige Geld- und Wirtschaftsordnung für
                Mensch und Natur

Vom Verfasser der vorliegenden Schrift sind noch weitere Werke
erschienen. Hier eine kleine Auswahl:

- Europa – wohin? - Auf der Suche nach einem Europa des
  Friedens, der Freiheit und der sozialen Gerechtigkeit -
  Politik, Gesellschaftsfragen und Spiritualität
- Wege zum Heil -   Aspekte zur Heilung von Mensch, Erde
  und sozialer Welt
- In der Einheit liegt die Kraft -   Religion, Kunst und
  Spiritualität
- Zeit zur Umkehr - Zeitgemäße Forderungen und spirituelle
  Wege zur Überwindung von Materialismus und Egoismus

Bei weiterem Interesse können Sie gerne Näheres auf meiner
Website erfahren:

www.perceval-institut.de